아이디어 하나가 지역경제를 살린다

아이디어 하나가 지역경제를 살린다

초판 1쇄 인쇄 | 2011년 10월 31일
초판 1쇄 발행 | 2011년 11월 5일

지은이 아미타지속가능경제연구소
옮긴이 김해창
책임편집 손성실
편집 조성우
디자인 표지 오필민 본문 나윤영
용지 월드페이퍼
제작 미르인쇄
펴낸곳 생각비행
등록일 2010년 4월 16일 | 등록번호 제313-2010-92호
주소 서울시 마포구 성산동 278-33 201호
전화 02) 3141-0485
팩스 02) 3141-0486
이메일 ideas0419@hanmail.net
블로그 www.ideas0419.net
페이스북 www.facebook.com/ideas419

ⓒ 생각비행, 2011, Printed in Korea.
ISBN 978-89-94502-07-6 13320

책값은 뒤표지에 있습니다.
잘못된 책은 바꾸어드립니다.

아이디어 하나가 지역경제를 살린다

커뮤니티 비즈니스 창업 교과서

아미타지속가능경제연구소 지음 | 김해창 옮김

생각비행

아이디어의 씨앗이 비즈니스로 연결된다

자신에게 있는 기술이나 경험을 살려 커뮤니티 비즈니스를 시작할 수 있다고 한다면 "아니 정말 그래요?" 하고 놀라는 독자가 많지 않을까 싶다.

지방에서 일한다고 하면 농림어업農林漁業을 떠올리는 사람이 많겠지만, 커뮤니티 비즈니스에 그런 일만 있는 건 아니다. 지역에 잠자는 자원을 발굴해서 새로운 상품이나 서비스를 개발해도 좋고, 과소화過疎化●가 계속되는 마을이라면 고령자 지원사업을 생각해도 좋다. 도시에서 습득한 아이디어, 경험, 지식이 있다면 이곳에서도 통하는 사업계획을 생각할 수 있다. 이 책에서 여러분에게 그 가능성을 알기 쉽게 전해주고자 한다.

● 지역 인구가 감소하여 사회 시스템이 종래의 수준을 유지할 수 없게 된 탓에 주민이 생활상의 불편을 겪게 되는 상태.

　현대는 젊은이가 목표를 찾기 어려운 시대라고 한다. 옛날에는 대학을 나와 기업에 취직하면 그 분야에서 인생을 나름대로 예측할 수 있었다. 그러나 경제의 거품이 빠지고 성과와 실력을 중시하는 기업이 증가하는 불안정한 정세 속에서 예전같이 기업에 근무하면서 보수를 얻는 길 이외에 '삶의 보람'이나 '하고자 하는 의욕'을 발견하려고 모색하는 젊은이가 늘어나고 있다. 영리만을 목적으로 하지 않고 사회적인 가치를 만들어내는 일을 지향하는 '사회적기업'이나 사회적기업가의 출현은 그 단적인 예라고 할 수 있다. 이는 대량생산·대량소비 시대였던 20세기로부터 자연과 공생하고 환경을 지키면서 지속가능한 사회를 지향하는 21세기로 나아가는 시대의 흐름에도 들어맞는다. 그들의 시선 앞에 놓여 있는 곳이 풍요로운 자연으로 둘러싸여 사람과 사람과의 긴밀한 유대가 남아 있는 '지방'이었다. 미개척의 지역자원이 잠자고 있는 지방에는 지금까지의 도시 비즈니스와 다른 새로운 방식의 비즈니스를 일으킬 가능성이 감춰져 있다.

　젊은이만이 아니다. 한창 일할 세대나 정년퇴직으로 일선에서 물러난 시니어 세대에게도 지방은 도시에서 쌓아온 지식이나 기술을 살려 새로운 사업을 전개할 수 있는 매력적인 장소로 보일 것이다.

　젊은이나 한창 일할 세대가 자꾸 빠져나가는 지방으로서도 새로운 사업이 생겨 도시와 활발히 교류하는 일은 지역활성화로 연결되니 바람직하다. 현재 일본 농림수산성農林水産省이나 총무성總務省 같은 중앙부처를 비롯해 대다수 지방자치단체가 귀농을 지원하거나 도시로부터의 이주정책에 힘을 쏟고 있다. 사회적기업이나 커뮤니티 비즈니스에 보조금을 지급하는 식으로 재정적인 지원을 시행하는 사례도 많다. 바야흐로 커뮤니티 비즈니스를 시작할 큰 기회가 도래하고 있다.

젊은층을 중심으로 지역에서 사업을 일으키고 싶다거나 지역에 공헌하고 싶다는 사람이 증가하고 있어 지방으로서도 도시에서 오는 인재나 새로운 사업을 유치하는 데 적극적이다. 그런데 막상 지방에서 사업을 시작하고 싶어도 무엇부터 시작해야 좋을지, 어디로 가야 좋을지 몰라 우왕좌왕하는 사람이 많다.

이 책은 지방에서 창업이나 귀농에 '성공'하는 전략을 알려주는 소위 '노하우'에 관한 책은 아니다. 내일이라도 귀농하고 싶다거나 사업을 시작하고 싶은 사람이라면 실천적인 정보가 담긴 책을 구매하길 권한다. 이 책은 지방과 도시를 연결해 새로운 사업의 가능성을 찾는 방법과 커뮤니티 비즈니스를 만들어내는 방법과 실마리를 제공한다. 그러므로 이 책은 아직 구체적인 계획이 없더라도 지방에서 뭔가 시작해보고 싶고, 장래의 일자리로 지방을 고려하고 있는 사람, 즉 '지방을 무대로 사업을 일으키고 싶은' 사람을 대상으로 한 커뮤니티 비즈니스 입문서다.

이 책은 모두 5단계로 구성되어 있다. 1단계에서는 지역으로 들어가 커뮤니티 비즈니스를 시작하려 할 때 최소한 알아두어야 할 '지방과 도시의 현실'에 관해 해설한다. 2단계에서는 농림어업 이외의 커뮤니티 비즈니스를 실현할 가능성과 여러분이 갖춘 지식이나 기술을 활용할 방법을 생각해본다. 3단계는 이 책의 핵심이다. '커뮤니티 비즈니스를 실천한다'는 이름으로 지방과 도시에 있는 것과 없는 것, 지방과 도시가 안고 있는 과제를 연결해 새로운 커뮤니티 비즈니스 계획을 구상한다. 아이디어를 창출하는 방정식과 거기서 나온 아이디어를 7가지 유형으로 나눠서 다룬다. 다양한 정보를 참고해 여러분 나름의 사업 아이디어를 구상하는 훈련을 해보길 바란다. 3단계 끝 부분에 실제로 진행 중인 커뮤니티 비즈니스 사례를 소개해놓았다. 4단계에서는 사업 아이디어를 실현하는 데 필요한 5가지 요점을 해설한다. 마지막 5단계에서는 커뮤니티 비즈니스를 시작하고자 하는 사람과 지역을 연결하는 코디네이터 조직과 코디네이터라는 존재를 소개한다.

시대의 흐름에 따라 지방과 도시의 관계도 변하고 있다. '지방의 시대'라는 말이 오래됐지만, 오늘날 도시의 일극집중一極集中 상태는 이런 시대의 흐름과 맞지 않는다.

2009년 여름, 일본에서 정권교체로 여당이 된 민주당은 지역의 창조적 활동이나 새로운 노력에 대해 예산을 대폭 늘리려 한다. 지역에 전폭적인 재량권을 주려고 하지만 그것만으로 지역의 힘이 생길지 어떨지는 의문스럽다.

하지만 변화하는 정세를 보더라도 지방에서 사업을 일으키는 의의는 매우 크다고 하겠다. 지방에서 일하고 싶고, 지방에서 사업을 시작함으로써 고향이나 지역을 활기차게 하고 싶다는 생각을 품은 이들에게 이 책이 구체적인 행동을 일으키는 계기가 되기를 바라는 마음이다.

2010년 3월
아미타지속가능경제연구소
대표이사 가라카마 신이치

여러분은 지역에서 무엇을 하고 싶습니까?

무엇을 할 수 있습니까?

1단계

비즈니스를 생각하기 전에 알아두자

지방과 도시의 현실

2단계

지방에서 시행할 비즈니스를 생각한다

지금 가지고 있는 기술과 지식이 유용하게 쓰인다

3단계

커뮤니티 비즈니스를 실천한다

지방과 도시의 결합으로 새로운 비즈니스를 창출한다

01 지방 지방의 쇠퇴 × 도시 사회공헌 지향

커뮤니티 비즈니스로 지역을 활기차게 한다 : 68

- 생생작물 재배게임 — SNS를 활용하여 지방의 채소를 키운다
- 지역상점가활성화기금 — 협력자를 모아 동기를 유발한다
- 향토 캐릭터·지역 캐릭터 — 지역을 상징하는 캐릭터로 지역 브랜드를 확립한다

02 지방 아동 감소 × 도시 보육원 부족

아이가 없는 지방마을, 보육원이 부족한 도시 : 80

- 여름(겨울) 모험학교 — 자연과 함께하는 공동생활로 생활력과 지혜를 익힌다
- 마을숲 보육원 — 자연을 무대로 삼아 대기아동 문제를 해결한다
- 시골 진학학원 — 수험정보가 부족한 지방에 교육 인프라를 정비한다

03 지방 방치된 시설 × 도시 일상탈출 욕구

폐시설 재생에 고민인 지방, 치유의 공간을 찾는 도시 : 92

- 폐선·폐광관광 — 호텔, 카페, 아틀리에로 용도를 확장한다
- 시골 만화카페 — 지방의 개성을 담아 공간을 연출한다
- 오래된 민가 재생주택 — 리모델링으로 거듭나는 주거공간

4단계

아이디어를 현실화한다

커뮤니티 비즈니스 실현을 위한 5가지 요점

비즈니스를 생각하기 전에 알아두자

지방과 도시의 현실

환경의식의 고양이 지방에 대한 동경을 낳다

전원 붐이 인지도 오래되었다. '자연에 둘러싸여 살고 싶다' '농사일을 해보고 싶다' '태어나 자란 고향으로 돌아가고 싶다' '지역의 발전에 도움이 되고 싶다' ……. 이유는 가지가지겠지만 근래 농촌지역에 관심을 보이는 사람이 늘고 있다.

예를 들면 내각부 대신관방정부 홍보실•이 2008년 9월에 시행한 〈식료·농업·농촌의 역할에 관한 여론조사〉를 살펴보자. 농업의 정체나 과소화·고령화 등에 의해 활력이 저하된 농산어촌지역에 대해 대도시 주거자의 약 15퍼센트가 '적극적으로', 약 65퍼센트가 '기회가 있다면, 그러한 지역(마을)에 가서 농업이나 환경보전활동·축제 등의 전통문화 유지활동에 협력하고 싶다'고 답했다.

이처럼 도시에 사는 사람 사이에서 시골생활이나 귀농에 관심이 높아진 요인에는 몇 가지 배경이 있다.

하나는 환경문제나 먹을거리의 안전에 대한 의식의 고양이다. 지구규모의 기상이변은 한발旱魃, 물 부족, 고온 등의 현상을 낳아 작황을 나쁘게 할 뿐 아니라 사막화에 의한 농지 감소나 황폐화처럼 식량 생산과 공급에 적지 않은 영향을 주는 것으로 알려져 있다.

한편 2000년대에 들어서 BSE••나 조류인플루엔자의 발생·확대,

• 관방장관은 일본 정부 내각의 하나로 우리나라 행정안전부장관과 대통령실장의 업무를 합한 직책과 비슷하다. 정부 대변인 역할을 맡으며 정부 내 일반 업무를 돌본다.

슬로푸드 재팬 www.slowfoodjapan.net

산지위장産地僞裝이나 부정표시처럼 먹을거리의 신뢰성을 위협하는 사건도 잇달아 발생하고 있다. 식품위장의 배경에는 일본의 식량자급률이 외국에 비해 턱없이 낮다는 문제가 있다. 여러 식품과 원재료에 관한 자료를 보면, 2008년도 일본의 식량자급률은 열량 기준으로 41퍼센트였다. 구미의 자급률(2003년도 자료)을 보면, 미국 128퍼센트,

●● 소해면상뇌증, 소 뇌조직에 해면처럼 구멍이 뚫리는 치명적인 질병으로 광우병이라고도 한다.

프랑스 122퍼센트, 독일 84퍼센트, 영국 70퍼센트인데 비해 일본은 주요 선진국 가운데 최저 수준을 맴돈다.

이러한 현황이 대중매체에 의해 알려지면서 환경보호는 물론 안심하고 안전한 먹을거리를 확보하는 문제에 관한 관심이 국민 사이에 높아져 왔다. 전통적인 음식문화나 다양한 식재료를 새롭게 보고, 다시금 먹는 데서 즐거움을 찾고자 하는 '슬로푸드', 지역에서 생산한 먹을거리를 그 지역에서 소비하는 '지산지소地産地消'•, 천연유기물이나 천연무기질로 만든 비료 등을 사용해 자연환경이나 생태계와 조화를 이루는 농업을 지향하는 '유기농법(오가닉)' 등이 주목받으며 먹을거리의 공급원이 되는 제1차 산업, 특히 농업이 새롭게 주목받게 되었다.

환경에 대한 의식의 지고는 '에코 붐'을 낳는 계기가 되었다. 환경보호와 인간의 건강을 최우선으로 생각해 지속가능한 사회를 지향하는 삶의 방식인 '로하스LOHAS'•• 등은 이러한 변화의 정점에 있다. 자연에 둘러싸여 몸과 다음이 건강한 생활을 하려는 사람이 늘어나 전원생활이 주목받고 있다.

물질적 풍요로움에서 마음의 풍요로움으로

전원생활 붐의 배경으로 사회적인 요인도 경시할 수 없다. 예전부터 중년층과 고령층 사이에서 '정년퇴직 후 지방으로 이주해 농업에 종사하고 싶다'고 하는 지향은 강했지만, 2007년을 전후해 단카이 세대*의 대량 퇴직을 계기로 전원생활에 대한 기대가 한껏 커졌다.

특히 미국발 서브프라임 모기지의 파탄에 따른 세계적인 금융위기가 초래한 경제불황 탓으로 2008년 가을 이래 파견노동자의 계약 해지가 속출하자 회사에서 일하면 안정된 생활을 영위할 수 있다는 믿음이 무너져 일하는 사람들의 의식에 패러다임 전환이 일어났다.

이러한 사회적 요인과 더불어 20세기의 대량소비·대량폐기에 대한 반성으로 물질적 풍요로움보다 '마음의 풍요로움'을 추구하는 사람들이 늘어나고 있는 가치관의 전환도 전원생활을 동경하는 사람들이 급증한 요인의 하나라고 할 수 있다. 도시와 같은 생활의 편리함은 누리지 못해도 안전하고 맛있는 식재료를 자신의 손으로 가꾸면서 자연 속에서 여유 있게 살고 싶다는 마음이 커졌기 때문이다.

● 제2차 세계대전이 끝난 뒤 1947년에서 1949년 사이에 태어난 일본의 제1차 '베이비 붐 세대'를 뜻하는 말이다. 일본 경제기획청 장관을 지낸 경제평론가 사카이야 다이치堺屋太—가 1976년 발표한 《단카이의 세대》라는 소설에서 처음 등장하여 인구사회학적 용어로 정착되었다. '단카이團塊'란 '덩어리'란 뜻이다. 이 세대의 인구수가 상대적으로 많다 보니 인구분포도를 그리면 덩어리 하나가 불쑥 튀어나온 것처럼 보인다 하여 이런 이름이 붙었다. 단카이 세대의 가장 큰 특징은 1970~1980년대에 고도성장을 이끌어내며 일본을 경제대국으로 키운 견인차 역할을 한 세대라는 점이다.

지금이야말로 '커뮤니티 비즈니스'를 시작할 때다

이처럼 도시지역에 사는 사람이 전원생활을 지향한다는 사실은 여론조사 결과로도 여실히 드러난다. 그렇다고 전원생활이나 귀농에 대한 관심이 최근 들어 급격히 높아진 것은 아니다. 과거에도 '전원생활 붐'은 있었다.

1960년대 후반에는 히피 등이 자연회귀를 제창하기도 했고, 자연이 풍요로운 지역에 대한 관심이 고양된 바 있다. 1960년대를 전후로 시작된 고도성장의 영향으로 도시지역의 토지가격이 급등해 도시에서 집을 마련하기 어렵게 된 상황도 지방으로 사람들의 관심이 쏠린 한 요인이 되었다.

1990년대에 이르러 거품이 빠지자 경제적 풍요로움에 가치를 두지 않고 대도시 근교에 있는 시민농원 등을 빌려 주말에 농사를 짓는 사람이 생겨났고, 지방으로 이주하는 사람도 증가했다. 최근에 이르러 중년층과 고령층의 지방 회귀나 특히 2009년 이래 경제불황을 계기로 젊은이 사이를 휩쓴 농산어촌지역에 대한 관심도 이런 증가 추세와 연관이 있다.

이렇게 보면 전원생활 붐은 도시지역의 생활환경이나 경제환경, 취업환경이 악화된 때에 생긴다고 할 수 있다. 이런 점에서 오늘날 전원생활 붐은 과거의 유행과 공통된 점이 있다. 그러나 농림어업만이 아니라 1차, 2차, 3차 산업을 복합하여 지방 자체를 무대로 6차 산업이라고 하는 새로운 비즈니스가 생기고 있다는 점과, 특히 중앙관청이나 지방자치단체에서 본격적인 지원을 아끼지 않고 있다는 점 등을 고려한다면 지금까지와 같은 일회성의 유행으로 끝나지 않을 힘이 느껴진다. 그러니 지금이야말로 지속가능한 '커뮤니티 비즈니스'에 참여할 기회가 도래했다고 말할 수 있다.

농업은 멋지다

오늘날 전원생활 붐은 지금까지와는 다르게 중년층과 고령층을 넘어 젊은층으로 확산하고 있다. 농업은 과거 '촌스럽다' '세련되지 못하다'는 이미지에서 '멋지다' '깔끔하다'는 동경의 대상으로 주목받고 있다.

이런 변화의 배경에는 최근에 시작된 에코 붐, 자연회귀 붐이 있다. 환경문제나 자연보호에 관심이 늘어난 시대, 인간과 환경이 조화롭게 지속가능한 사회, 유한한 자원을 낭비하지 않는 순환경 사회를 구축하도록 자연과 더불어 사는 농업에 온 힘을 다해보겠다고 마음먹은 젊은이가 늘어났다고 생각한다. 자기실현의 방법이 한때의 창업 붐에서 '창농創農'으로 바뀌었다고도 말할 수 있다.

최근에는 저명한 사람이나 젊은이가 동경하는 사람 가운데 전원생활을 하거나 농업에 종사하는 사람이 늘고 있다. 한 예로 '걸 혁명'을 내세우며 창업해 소녀 사장으로 주목받은 후지타 시호藤田志穗[•]가 힘을 쏟고 있는 '노걸 프로젝트'[••]는 젊은이로 하여금 먹을거리나 농업

후지타 시호 공식 블로그 ameblo.jp/fujitashiho

에 흥미를 느낄 계기를 마련하고자 시작했다. 이런 노력의 하나로 '시부야 쌀'이라는 브랜드 쌀이 생겨났다. 극단적인 예이긴 하나 이러한 현상도 농산어촌지역이나 농업에 대한 젊은이의 편견을 불식하는 하나의 원인이 되고 있는지 모를 일이다.

지방을 대하는 3단계 의식수준

한마디로 '지방에 흥미가 있다, 지방에서 살고 싶어 하는 사람이 늘어나고 있다'고 해도 그중에는 몇 단계의 의식수준이 존재한다.

●　　　1985년 5월생으로 일본의 실업가, 패션모델이다. 2005년 4월, 19살 나이에 소녀라도 할 수 있는 일이 있다며 소녀의 특성을 살린 마케팅에 주력하는 '시호 유한회사 G-Revo'를 설립했다.
●●　　　잡지 등에서 활약하는 걸 모델이 모여 만든 프로젝트. 소녀들이 좋아하는 것, 이를 테면 쌀 생산이나 환경보호활동 등에 노력하고 있다.

첫 단계는 '왠지 지방에서 살고 싶다' '농업에 흥미가 있다'고 느낀다. 이러한 단계에 속한 사람들은 지방에 흥미를 느끼긴 하지만 실제로 실천하는 단계는 아니기에 전원생활을 시작하거나 지방에서 일하기 위한 구체적인 행동을 일으킬 확률은 낮다. 그런데 최근 여러 지역에서 활발히 이뤄지는 '그린 투어리즘'은 이러한 단계에 속한 사람들이 행동할 계기를 제공한다. 그린 투어리즘은 농산어촌에서 자연이나 문화를 접하며 친근해지고 사람들과 교류를 도모하는 체류방식의 활동을 말한다. 모내기나 벼 베기와 같은 농업체험, 농산물 가공체험, 자연관찰 등 지역에 따라 다양한 프로그램이 마련되어 있다. 농림수산성은 농촌진흥국 도시농촌교류과 안에 그린 투어리즘 추진반을 두는 등 적극적으로 이 사업을 지원하고 있다. 그린 투어리즘을 체험함으로써 지방이나 자연에 대한 관심이 높아지고 지방으로 이주移住나 정주定住를 생각하게 되었다는 사람도 적지 않다.

둘째 단계는 막연한 느낌에서 한 걸음 나아가 '도시에서 일하면서 전원생활을 준비하고 싶다'는 생각으로 스스로 정보를 찾고 명확한 전원생활에 대한 이미지를 갖기 시작했지만, 아직 구체적인 사업 아이디어는 마련하지 못한 이들이 속한 의식수준이다.

셋째 단계는 도시에서 경험하고 갖춘 지식이나 기술을 살리는 사업계획과 '지방에서 새로운 커뮤니티 비즈니스를 일으키고 싶다'는 마음은 있지만, 무엇을 어떻게 시작해야 할지 어디로 가야 할지 모르는 의식수준이다.

둘째나 셋째 단계의 의식수준에 해당하는 이들이 자력으로 조사를 거듭하거나 관계를 구축함으로써 노하우를 몸에 익히는 일도 가능하지만, 지방과 도시의 '가교 역할'을 하는 존재를 이용하는 방법도 유효한 수단 가운데 하나다. 이러한 역할을 하는 존재에 관해서는 5단계(173쪽)에서 상세히 설명하겠다.

전원생활, 커뮤니티 비즈니스를 생각하기 전에 여러분이 어떤 단계의 수준에 있는지를 자문해보길 바란다. 그렇게 함으로써 앞으로 행동을 계획할 수 있기 때문이다.

섣부른 참여는 실패로 이어진다

최근에 대중매체가 전원생활이나 귀농에 관한 화제를 빠짐없이 다뤄왔다. 텔레비전을 켜면 탤런트가 지방을 방문하는 여행 프로그램이나 버라이어티 프로그램이 빈번히 흘러나오고 월급쟁이 생활에서 벗어나 지방에서 귀농에 성공한 사람을 상세히 조명한 프로그램, 외딴섬이나 농산어촌을 무대로 한 드라마도 보인다. 신문이나 잡지에서 전원생활을 주제로 다룬 특집기사도 종종 볼 수 있다.

이처럼 '과열 조짐'이라고 할 정도로 전원생활이나 귀농에 관한 보도가 넘치고 있지만, 그 내용을 들여다보면 옥석을 가리기가 쉽지 않다. 농산어촌의 생활이나 자연의 풍광 소개를 표면적으로 되풀이하는 기획이 우선시되어 지방이 안고 있는 과제, 지방과 도시의 격차, 사고방식의 차이 등을 냉정하게 다룬 기사는 적다.

붐에 편승하듯 농업 비즈니스에 참여하는 기업이나 단체도 많다. 그러나 모두가 성공하는 것은 아니다. 여지없이 물러나는 사례도 많다. 실패한 예로는 1차 산업에 2차, 3차 산업의 모델을 그대로 적용했거나 도시 기업의 비즈니스 모델을 지방에 그대로 적용한 사례가 많다.

최근 참여자를 위한 상담 창구를 만들어 생활자금을 지원하는 지자체도 늘고 있다. 행정 지원이 충실해지면서 전직轉職하는 느낌으로 참여가 가능해진 상황도 충실하지 못한 준비로 실패하는 사례를 낳는 원인이 되고 있다.

'커뮤니티 비즈니스＝농업'이라는 오해

1차 산업 하면 농업만을 다루는 문제가 있다. 도시인은 지방의 일이라고 하면 아무래도 농업을 떠올리기에 십상이다.

확실히 같은 1차 산업이라고 해도 임업이나 어업은 농업과 비교하면 참여하기에 문턱이 높다는 점을 부정할 수 없다. 취업하려면 산림조합이나 어업조합 같은 조직에 들어갈 필요가 있고, 생계를 꾸려가려면 일정한 수준 이상의 기술을 습득하지 않으면 안 된다. 선박을 조달하려면 초기 투자도 필요하다. 임업이나 어업은 남벌, 남획 등의 문제가 부각된 탓에 환경보호나 생태학의 흐름을 거스른다는 이미지도 강하다.

농업도 본격적으로 하려면 다양한 지식이나 기술을 익혀야 하며 나름의 투자도 필요하다. 하지만 시민농원이나 텃밭에서 농사를 짓거나 채소를 키우는 사람이 많다 보니 농업이라면 몸에 맞는 일을 할 수 있으리라는 생각이 강하다. 개인이나 가족 단위로 쉽게 시도해볼 수 있다는 생각도 농업에 종사하려는 사람이 늘어나는 요인의 하나라고 할 수 있다.

도시에서는 언론이 '농업을 하면서 이러한 멋진 전원생활을 보내고 있다'는 식으로 소개하는 사례가 잦다. 그 때문에 '도시생활에 지쳤으니 농업이라도 해볼까'라거나 '지방에서는 도시보다 간단히 풍요로운 생활을 손에 넣을 수 있다'고 하는 안이한 생각으로 일을 벌이는 사례도 빈번하다. 그 결과 마음속으로 그리던 멋진 전원생활과 격차를 느끼거나 사업상 채산이 맞지 않아 실패를 경험하는 귀농자가 끊이지 않는다.

뒤이어 얘기하겠지만 '지방'이라고 해도 다양한 지역이 있고 다양한 과제를 안고 있으므로 지방에서 본격적으로 일하겠다고 한다면 나름의 각오와 준비가 필요하다. 게다가 지방이라고 해서 농업에 종사할 사람들만을 찾고 있는 상황도 아니다. 지역의 요구나 냉엄한 현실을 이해하지 않은 채 무턱대고 지방에서 사업을 벌이려 한다면 머지않아 벽에 부딪히는 것은 불 보듯 뻔한 일이다. 유감스럽지만 지금은 과열된 언론이 농업의 좋은 이미지만을 보여줌으로써 현실과의 간극을 넓히고 있다.

중간지역과 도시근교는 위기의식이 약하다

한마디로 '지방'이라고 하지만 그 상태는 각양각색이다. 지방이라고 해도 최근에는 도로가 제법 잘 정비된 덕분에 대형 쇼핑센터처럼 생활 기반이 되는 시설이 즐비한 지역이 많다. 이와 달리 전원지대가 풍부하게 남아 있으며 주민 가운데 공무원 같은 안정적인 직업을 갖고서 겸업농가로 주말이면 농업에 종사하는 사람들도 있다. 이러한 지역을 여기서는 도시와 곧 설명할 '한계마을' 사이에 있는 '중간지역' 또는 '도시근교'라고 부른다.

중간지역과 도시근교 역 주변의 상점가에 있는 개인 상점이 줄줄이 문을 닫아 '셔터거리'●가 된 사례가 적지 않다. 관광객을 유치할 수 있는 관광자원이나 특산품 같은 '인기상품'이 있다면 좋겠지만, 이마저도 없는 사례가 많다. 지자체가 정부의 보조금에 너무 의존하고 있는 탓에 구체적인 지역 진흥의 비전을 갖추고 있지도 못하다. 이것이 바로 중간지역과 도시근교에서 흔히 볼 수 있는 실정이다.

이처럼 일터가 없고 거리에 활기가 없는데도 거기서 사는 사람들의 위기위식이 약하거나 현실에 안주하고 있다면 젊은이들이 떠나는 건 당연하다.

물론 중간지역과 도시근교에서 이러한 상황에 위기감을 느끼고 지

●　　일본의 중심 시가지 공동화 현상을 나타내는 키워드 중 하나다.

역산업의 부흥이나 U-턴[*]·I-턴[**] 희망자 유치에 힘을 쏟는 방식으로 지역활성화를 꾀하고자 노력하는 지자체도 많다. 그러나 전반적으로는 그다지 위기감이 없고 밖에서 들어오는 사람을 적극적으로 받아들이려는 의식이 상당히 약한 편이다. 한계마을은 마을이 사라져버린다는 위기감이나 폐쇄감에 부담을 느끼고서 밖에서부터 유입되는 사람을 받아들이는 데 저항감이 비교적 낮은 경우가 많다. 이에 비해 중간지역과 도시근교는 외지인이 들어옴으로써 현실이 크게 바뀌는 데 따른 불안을 느끼는 경우가 있다.

지역의 합의만 이끌어낼 수 있다면 중간지역과 도시근교는 인프라나 상업시설이 어느 정도 정비되어 있으므로 사업이 성립할 조건이 갖추어져 있어 비교적 창업하기 쉽다고 할 수 있다. 그러나 지역에 따라 외지인을 받아들이는 데 소극적이어서 넘어야 할 장벽이 많은 경우도 있다. 거기에 사는 젊은이 대부분이 현실에 불만을 품고 어떻게든 지역을 바꾸고 싶다고 생각하는 사례가 적지 않다. 그러니 그들을 잘 끌어 안는다면 성공할 계기를 잡을 수 있다. 지역주민의 신뢰를 얻어 사업을 원활히 추진하기 위해서라도 주도면밀한 조사와 준비가 필요하다.

---

[*] 대도시에 취직한 시골 출신자가 고향으로 되돌아가는 형태의 노동력 이동을 말한다.
[**] 대도시에서 취직한 시골 출신자가 고향이 아닌 다른 지역의 시골로 되돌아가는 형태의 노동력 이동을 말한다.

한계마을에도 비즈니스 기회는 있다

최근 심각한 문제로 언론에 빈번히 나오는 곳이 '한계마을'이라고 하는 지역이다. 인구의 유실流失로 과소화가 진행되어 인구의 50퍼센트 이상이 65세 이상의 고령자여서 그대로 두면 마을의 유지가 곤란한 지역을 말한다.

국토교통성과 총무성이 공동으로 시행한 〈2006년도 국토형성계획 수립을 위한 마을 상황에 관한 현황파악 조사 최종보고〉에 따르면 일본 전국의 과소지역 6만 2273개 마을 가운데 약 10퍼센트가 세대수 10명 미만의 소규모 마을이며, 65세 이상 고령자 비율이 50퍼센트가 넘는 마을도 전체의 10퍼센트를 넘는다. 이 같은 소규모 마을이나 고령화가 진행된 마을은 그 기능이 저하되어 유지가 곤란해지는 경향이 현저하다. 전자는 약 절반, 후자는 약 40퍼센트가 기능 저하 혹은 유지가 곤란한 상태에 처해 있다.

한계마을에서는 경작 포기지와 빈집이 증가하거나 산림 황폐, 쓰레기 불법투기, 짐승 피해, 병충해 증가와 같은 여러 가지 문제가 일어나고 있다. 관공서 같은 행정기관이나 병원까지 거리도 멀어 고령자가 불편한 생활을 해야 하는 문제도 있다. 자연자원은 있지만 거기에 관심을 두고 이를 상품화하거나 서비스하겠다는 '발로 뛸 사람'이 없는 현실이 무엇보다 큰 문제다. 여러분 중에 이러한 제반 여건이 좋지 않은 한계마을에서 사업을 일으키는 일이 도저히 무리라고 생각하는 사람도 많으리라고 본다.

확실히 한계마을에 사는 사람 중에는 고령자가 많다 보니 이대로 마을이 소멸해도 달리 대책이 없다고 손 놓고 있는 사람도 없지는 않다. 그러나 주민 대부분은 마을이 사라지는 것에 대해 위기의식을 느끼고 줄곧 살아온 마을을 유지하고 활성화하기를 바라고 있다.

마을에 따라 지역자원을 발굴하고 외부 사람들을 받아들이는 데 적극적으로 노력하는 사례도 적지 않다. 그린 투어리즘 사업이나 귀농 지원 사업 등에 행정적인 지원을 하며 노력하는 곳도 늘어나고 있다. 실제로 한계마을 가운데 NPO 등과 연대하여 마을을 되살리는 데 성공한 곳도 보인다.

가고시마현 카노야鹿屋시에 있는 인구 3000여 명의 야나기야柳谷 마을, 통칭 '야네단'은 한계마을까지 전락하지는 않았으나 주민의 고령화, 과소화가 진행되던 마을이었다. 그런데 관료 행정에 의지하지 않고 자신의 힘으로 지역재생을 목표로 삼아 감자 재배를 시작으로 감자로 빚은 술 '야네단'을 제조했다. 지역주민이 개발한 토착균을 활용해 재배한 자연감자(야마이모)를 사용한 간장이나 야키니쿠(불고기) 소스 등도 팔기 시작했다. 이러한 지역재생 방안이 열매를 맺어 5년간 약 500만 엔의 여유자금이 생겨 마을 세대 모두에게 1만 엔의 보너스를 지급할 수 있었다. 이로써 '보너스가 나오는 마을'로 신문이나 텔레비전 등의 미디어가 다뤄 '지역재생의 교본'으로 큰 주목을 받았다.

위기에 처한 한계마을은 중간지역이나 도시근교보다도 현실을 바꾸고 싶다거나 어떻게 해서든지 지역을 활성화하고 싶다는 주민의 의지가 강하다. 젊은이가 유출되어 한창 일할 나이의 중년층이나 젊은

야네단을 판매하는 가게

층이 없는 상황이다 보니 도시에서 오는 이주자를 따뜻하게 맞이하는 사례가 많기 때문이다.

한계마을에는 도시인이 추구하는 '치유'나 '따뜻함'을 느낄 수 있는 지역자원이 많다. 또한 시정촌市町村[*] 통합 등으로 행정서비스가 미치지 않는 지역이 많지만, 생활 기반과 밀착된 지역 주민의 욕구가 있다. 그러니 지방에서 비즈니스를 시작하고자 하는 사람은 한계마을로 눈길을 돌리면 어떨까 싶다.

[*] 일본 지방자치제도의 기초자치단체인 시市, 정町, 촌村을 묶어 이르는 말이다. 일본 지방자치법 2조 3항은 '기초적인 지방공공단체'로 규정한다. 도쿄도에는 시정촌에 해당하는 특별구가 있다. 이를 포함해 시구정촌市区町村이라고 부르기도 한다. 시市는 인구 5만 명 이상으로, 중심 시가지에 전 인구의 60퍼센트 이상이 거주하며, 상공업과 기타 도시적인 업태에 종사하는 사람이나 그와 동일한 세대에 속한 사람이 전 인구의 60퍼센트 이상으로, 해당 도도부현都道府県이 조례로 정하는 도시적인 시설과 요건을 갖춘 행정 단위를 가리킨다. 정町과 촌村도 기초자치단체에 해당한다. 촌은 1차 산업에 종사하는 사람이 대부분이며 인구가 적고 인구밀도도 낮다. 읍邑이라고도 한다.

지방이 활기를 띠면 도시에도 활기가 넘친다

도심에서는 예로부터 중심부인 시가지 인구가 감소하고 공동화하는 '도넛화 현상'이 보였다. 고도성장기에 토지가격이 급등해 도시에서 주택을 취득하기가 곤란해져 교외에서 주택을 구하는 사람이 속출했기 때문이다. 이러한 경향은 1980년대 후반 거품경기 즈음에 현저하게 나타났다.

그 뒤 거품이 빠지자 토지가격이나 부동산 가격이 떨어져 도시로 인구가 되돌아오는 '도심회귀'가 일어났다. 그러나 도시로 유입되는 이들은 어느 정도 경제적인 여유가 있는 고령자가 대부분이다. 같은 고령자라도 연금에 의존해 생활하는 사람이나 생산연령*인구 자녀를 키우는 세대가 도시에서 주택을 사기란 예나 지금이나 그림의 떡이다.

한편 도쿄·다마多摩 지구를 비롯한 도시근교 뉴타운은 아이들이 독립해 떨어져 살고 있기에 급속한 고령화가 진행되어 큰 사회문제가 되고 있다.

이러한 상황에서 가까운 미래에 도시에서도 급속한 고령화의 진전으로 공동체를 유지하기가 곤란하게 될 지역이 급증할 것으로 우려하는 전문가도 적지 않다. 도시에도 한계마을이 생길 수 있기 때문이다. 실제로 도쿄도 신주쿠新宿 구에 있는 대규모 도영都営 단지처럼 주민의 절반이 65세 이상인 노년인구가 75퍼센트 이상, 도쿄도나 아이치愛知

* 생산활동, 특히 노동에 종사할 수 있는 연령. 보통 만 15세 이상 65세 미만을 말한다.

현에서도 50퍼센트 이상 증가하리라고 예상하고 있다. 특히 75세 이상의 후기 노년인구가 되면 사이타마埼玉현·지타千葉현·가나카와神奈川현은 150퍼센트 이상, 도쿄도나 아이치현, 오사카부 3대 도시권에서도 100퍼센트 이상 늘어날 것으로 예상한다.

이처럼 지방만이 아니라 도시에서도 한계마을화가 진행 중이다. 초고령화 사회를 대비해 복지나 의료체제, 교통 등의 사회기반을 충실히 하는 일은 필요하다. 하지만 그것만으로 폐쇄감을 타파하기는 어렵다.

지방에서 비즈니스를 일으키고 지방과 도시를 연결하는 네트워크를 구축하면 지방과 도시 사이에서 인적, 물적 고류가 활발해지고 전원생활의 풍요로움을 도시인이 누리게 되어 다양한 경제효과가 유발된다. 결국 지방을 활기차게 하는 일이 도시에 활기를 불어넣는 일로도 연결된다.

일회성으로 그치지 않을 지속가능한 비즈니스

지금까지 살펴본 대로 도시의 고용불안이나 시간에 쫓기는 생활에 폐쇄감을 느끼는 도시인이 늘어난 사실, 물질적인 풍요로움에서 '마음의 풍요로움'을 추구하는 사회풍조, 전 지구적인 기상이변으로 말미암은 환경의식의 제고와 같은 다양한 요인 때문에 전원생활을 동경하는 사람이 늘어나고 있다.

또 과소화나 고령화가 급속히 진행되어 지역산업의 부침이 심한 지방은 경제뿐 아니라 정町, 촌村 그 자체의 활기도 잃어버릴 정도의 위기를 느끼고 있다. 반면 이러한 상황을 타개하고 고향을 어떻게든 재생시키겠다고 생각하는 사람이 증가하고 있는 것도 사실이다.

이러한 사회 정세를 반영해 1차 산업에 머물지 않는 다양한 자연 산업이나 지역공헌 사업이 잇달아 생겨나 예전에 없던 움직임을 보이고 있다.

지방에서도 다양한 체험 프로그램이나 연수제도 등을 개설해 주택 제공을 도모하는 방식으로 도시로부터 이주자 유치에 힘을 쏟는 곳이 늘어났다.

그렇지만 실제로는 신규 사업을 일으키거나 마을 진흥을 꾀했지만 참담한 실패로 끝난 사례도 적지 않다. 이주자 가운데 전원생활의 냉엄한 현실에 직면해 도시로 되돌아간 사람도 많다. 이러한 사례를 보면 사전에 조사를 게을리했거나 지역과의 합의를 형성하는 데 불충분했거나 체계적인 계획이 없는 일회성인 사업이 대부분이었다.

지방으로 내려가서 살려는 사람이 늘어나고 있는 지금이야말로 이러한 실패 사례를 반면교사로 삼아 참된 의미에서 지역을 활성화하고 지역의 환경을 파괴하지 않는 공생형의 '지속가능한' 비즈니스를 생각할 필요가 있다.

1단계에서 살펴본 지방과 도시의 현실을 이해하고 지방에서 지속가능한 비즈니스를 시작하기 위해선 어떻게 하는 편이 좋을지 2단계에서 생각해보고자 한다.

1 ● 현재 일어나는 전원생활 붐은 지방 그 자체를 무대르 한 새로운 비즈니스가 생겨난다는 사실, 중앙부처나 지방자치단체가 적극적인 지원에 나서고 있다는 점에서 일회성으로 끝나지 않을 힘이 있다.

2 ● 젊은이 사이에서 지방에 살고 싶다거나 지방에서 사업을 시작해 지역에 공헌하겠다는 지향이 커지고 있다. 그러나 지방에 대한 의식수준에는 몇 가지 단계가 있다.

3 ● 단순히 1차 산업에 2차, 3차 산업의 모델을 도입하거나 도시의 비즈니스 모델을 적용하는 방식으로는 커뮤니티 비즈니스를 성공으로 이끌 수 없다.

4 ● 커뮤니티 비즈니스는 1차 산업만을 뜻하지 않는다.

5 ● 지역자원이 있고 위기의식이 높은 한계마을에는 비즈니스를 시작할 기회가 있다.

6 ● 지방과 도시를 활기차게 하는 지속가능한 비즈니스를 생각할 필요가 있다.

지방에서 시행할 비즈니스를 생각한다

지금 가지고 있는 기술과 지식이 유용하게 쓰인다

지방은 미개척 자원의 보고

1단계에서 살펴봤듯이 농림어업은 취업인구가 해마다 감소해 경영적으로도 어려운 상황에 부닥쳐 있다. 농림수산성이 내놓은 통계를 보면 경영 경지면적 30아르(3000m²) 이상, 또는 연간 농산물 판매액이 50만 엔 이상인 '판매농가' 175만 호의 2009년 평균 농업소득은 120만 엔이며, 판매금액 100만 엔 미만인 농가는 97만 호다. 임업 소득이나 어업 소득도 한창때와 비교하면 현저히 감소하고 있다. 이러한 현실을 보면 1차 산업만으로 생계를 꾸려가기란 쉬운 일이 아니다. 1차 산업 이외의 분야로 눈을 돌릴 필요가 있다.

과연 지방에서 1차 산업 이외의 분야에서 사업을 일으킬 방도가 있는 걸까? 그 실마리는 곧 '지역자원'이다.

일본 전국 대부분 지역이 자연이나 경관, 역사, 전통문화, 특산품, 인재 등의 풍부한 자원을 갖추고 있다는 통계 자료가 있다. 내각부가 〈생활자의 관점에서 본 지역활성화 조사·개발사업—단카이 세대가 재도전을 이루는 역할에 관하여(2006년도)〉라는 명목으로 시행한 설문조사가 그것이다. 전국에서 인구 20만 명 이하인 1697개 시정촌을 대상으로 한 조사 결과를 보면(941개 지자체가 회답), '자연환경·경관, 생물·생태계'에서는 37.6퍼센트, '역사유산, 전통문화, 축제'에서 32.6퍼센트, '특산품(먹을거리), 전통요리'에서 20.3퍼센트가 전국적으로 자랑할 만한 '1급 자원이 있다'고 답했다.

그런데 지역자원을 충분히 살리지 못하거나, 활용 방법과 환경 정비가 시급하다고 생각하는 지자체가 40퍼센트를 웃돌았다. 특히 주코쿠中國·시코쿠四國(46.3%), 규슈·오키나와(47.1%)의 비율이 높았다.

자랑할 만한 지역자원을 갖추고 있지만 이를 충분히 살리지 못하는 현실은 지방에서 새로운 비즈니스를 만들어낼 기회가 아직은 있다는 방증이다. 지역과 연대하면서 잠자고 있는 자원을 발굴해 도시에서 기른 기량이나 기술과 접목한다면 1차 산업에 머물지 않는 커뮤니티 비즈니스를 시작할 가능성을 높일 수 있다.

	1급 자원이 있다	자랑할 만한 자원이 있다	자원이라고까지는 말할 수 없다	무응답
자연환경·경관, 생물·생태계	37.8	51.2	9.5	1.5
레저 환경(스키, 캠프, 해수욕 등)	13	46.5	39	1.5
관광, 문화, 전통문화, 축제	32.6	53.3	12.6	1.4
관광·문화·스포츠 관련 시설, 온천, 테마파크	15.5	52.4	30.4	1.7
지역산업, 전통공예	16.4	42.7	39.4	1.5
특산품(먹을거리), 전통요리	20.3	51.4	26.9	1.4
마을 경관, 농산어촌 경관	9.8	43	45.6	1.6
마을 만들기, 환경보전 같은 주민활동, 기타 NPO활동	5.1	42.6	50.3	2
생활하기 좋음, 후한 인정, 서로 돕는 기풍	11.1	62.9	24.2	1.8
기타	0.9	1.9	6.6	90.6

▲지역자원의 평가
내각부 〈생활자의 관점에서 본 지역활성화 조사·개발사업(2006년도)〉 시정촌 설문조사-에서

지역의 과제와 요구를 발견한다

지역마다 상황의 차이가 있다는 사실을 염두에 두기 바란다. 흥미를 느끼는 지역이나 진출하고자 하는 지역의 실정을 파악하는 일은 커뮤니티 비즈니스를 시작하는 대전제가 되기 때문이다.

앞서 대부분 지방이 '중요로운 지역자원이 있다'고 응답했다는 설문조사 결과를 소개했지만, '살려야 할 지역자원을 찾을 수 없거나 아예 없다'고 응답한 지역도 다수 존재한다. 이러한 지역에서 비즈니스를 일으키기란 불가능하다고 생각할 수도 있겠지만, 실제로는 지역주민이 알지 못하는 자원이 잠자고 있거나 언뜻 보아선 아무런 가치가 없다고 생각한 것이 훌륭한 지역자원으로 변모하는 사례가 뜻밖에 많다.

한 예로 2009년 NHK 아침 연속 TV 소설의 무대가 되었던 사이타마현 가와고에川越 시의 트장제土藏制 벽체壁體 쌓기도 20~30년 전에는 단지 낡아빠진 문화로 취급되었다고 한다. 또한 풍부한 자연 온천지로 많은 관광객이 찾는 오이타현 유후인湯布院도 애초 지역주민은 온천 이외에 볼만한 것이 없다고 생각했다고 한다. 이 두 지역은 외지에서 온 사람이 지역의 매력을 발견하고 지역자원을 살림으로써 활성화된 사례다. 이 밖에도 외지에서 온 사람이 발굴해낸 지역자원이나 관광자원은 적지 않다. 이와 같이 '외지인의 관점'으로 지역자원을 파악하는 중요성에 관해서는 조금 뒤에 다시 설명하겠다.

다음으로 '지역자원은 발견했지만 그것을 활용할 노하우가 없다'고 느끼는 지역을 살펴보자. 이런 곳은 마케팅, 브랜딩, 프로듀싱 같은 지식이나 기술을 접목한다면 스스로 창업하지 않아도 활성화할 가능성이 큰 편이다.

이보다 형편이 나은 곳으로 '비즈니스 계획은 있으나 효율성을 고려해 개선하거나 영업, 판매 확대처럼 해결해야 할 과제를 안고 있는' 지역도 있다. 이런 곳은 지역자원을 보유하고 있고 이를 사업화할 계획도 확립되어 있으므로 여러분에게 있는 지식이나 기술을 잘 활용한다면 지역에 활력을 불어넣는 일이 가능해진다.

이와 같이 지역마다 실정이 다르다. 그러니 정확한 상황을 파악하기 위해 기후, 풍토, 역사, 지리적 환경, 지역산업에 이르는 기본적인 정보는 물론 그 지역이 안고 있는 과제에 이르기까지 세세한 자료를 수집하는 노력을 기울여야 한다.

'외지인의 관점'에서 샘솟는 커뮤니티 비즈니스

앞서 얘기했듯이 지방에는 수많은 자원이 잠자고 있다. 이런 자원을 비즈니스로 활용하지 못하는 요인을 살펴보면 사업 관리, 판로 확대, 정보 제공 노하우가 부족한 현실도 있지만, 그보다는 지역주민이 지역자원 자체에 제대로 된 관심을 보이지 않은 사례가 많았다. 지역주민에게는 일상적인 행사이거나, 의식하지 못한 채 지나가 버리는 장소이거나, 평소 먹던 음식이어서 지역자원의 잠재적 가치를 발견하지 못했던 것이다.

지역주민에겐 당연한 '물건'이나 '자원'일지라도 외지에서 온 사람에겐 신선하거나 호기심 어린 것으로 보이는 대상이 있다. 앞서 소개한 사이타마현 가와고에서 토장제 벽체 쌓기의 마을거리나 오이타현 유후인의 사례가 그러하다. 이처럼 외부인에게 각광받아 지역진흥·활성화로 연결된 사례가 있다. 이 밖에도 나가노현의 '두부구이(오야키)'나 미야자키현의 '육고기 주먹밥(니쿠마키 오니기리)'처럼 이제는 대표적인 토속음식이 된 '로컬푸드'도 과거에는 지역주민만 아는 먹을거리였다. 외지에서 찾아온 사람들이 여행잡지나 신문 지면에 소개하면서 서서히 지명도가 높아져 지금은 지역 특산품, 관광 명품으로 정착해 전국적으로 널리 알려졌다.

외지인은 지역주민과는 다른 관점이나 가치관을 갖추고 있을 뿐 아니라 새로운 비즈니스를 만들어 지역에 공헌하려는 동기가 크고 역량도 있다. 지역과 얽힌 배경이 없기에 발상의 전환을 하기 쉽다는 장점도 있다. 무엇보다 강점은 지역주민에게 없는 기술과 경험을 갖추고 있다는 사실이다.

도시에서 사업한다면 시장이나 고객의 욕구를 파악하는 마케팅 조사, 판로를 확대하기 위한 판매망 형성, 상품을 홍보하고 널리 알리는 방안으로 디자인, 홈페이지 제작, 관리 등은 당연한 일이다. 하지만 이런 내용은 지방의 지역주민으로서는 어려운 활동이거나 기술이 부족하거나 경험이 없는 분야다. 따라서 지방은 지역주민이 못 하는 일을 해낼 수 있는 도시인이 절실하고 그들이 갖춘 기술과 경험이 필요하다.

외지인은 지역주민이 알지 못하는 물건이나 사물, 즉 지역자원의 가치를 발견해 그것을 정보로 가시화한다. 이처럼 외지인의 관점에는 지역을 활성화하여 발전시킬 새로운 비즈니스를 낳는 '기폭제'가 될 가능성이 감춰져 있다. 고정관념에 사로잡혀 있지 않은 외지인의 관점을 충분히 활용하면서 도시에서 겸비한 기술과 경험을 구사하여 사업이 될 수 있도록 설계해내는 일이야말로 커뮤니티 비즈니스를 성공으로 이끄는 열쇠의 하나인 셈이다.

성공의 열쇠는 '지역에 공헌하는 비즈니스'

여기서 주의할 점은 '지역에 공헌하는 비즈니스가 되지 못하면 성공하지 못한다'는 사실이다. 손을 댄 사업이 궤도에 올라 이익을 낸다고 해도 그 일로 지역자원을 착취하거나 지역의 공동체나 환경에 악영향을 미친다면 지역주민의 반감을 사고 협력도 얻을 수 없다. 예를 들어 지역 특산품을 멋스럽게 포장하여 상품화하고 도시의 네트워크를 활용함으로써 독자적인 유통·판매 루트를 개척했다고 하자. 그런데 이미 지역에 판매망이 형성되어 있다고 한다면 지역 공동체를 붕괴시키는 사업으로 인식되어 협력을 얻을 수 없다.

이러한 문제가 있으므로 지방에서 새로운 사업을 시작하려고 하면 지역사회에 어떤 이익을 주는지, 지역활성화를 촉진하는지를 앞서 생각해야 한다. 단순히 자신이나 지역이 이익을 얻을 수 있다고 하는 이익추구형이 아니라 지역이 안고 있는 과제의 해결·해소로 연결되는 '소셜 비즈니스(사회적기업)'의 관점이 필요하다. 지역주민의 동기를 높이고 그들이 참여하는 사업계획을 세울 수 있다면 커뮤니티 비즈니스의 성공에 한 발 근접할 수 있다.

1차 산업만으로는 한계가 있다

'지방에서 일한다'고 하면 대개는 1차 산업, 즉 농림어업을 생각할지 모르겠다. 특히 농업은 앞에서 살폈듯이 임업이나 어업보다 진입장벽이 낮다는 생각에 전원생활을 바라는 사람에게 가장 인기 있는 직업이 되고 있다.

그러나 막상 농업을 시작하기란 그리 간단하지 않다. 우선 농지를 어떻게 확보할지 생각해야 한다. 토지 소유자에게 빌릴지 아니면 새로운 농지를 구매할지, 더느 쪽이라고 해도 농지법 제3조(경작 목적의 농지 등의 권리 이동)나 제5조(권리 이동을 동반한 농지 전용)에 의해 농업위원회나 도도부현都道府県의 허가를 받아야 하므로 그리 용이하지 않다. 지방에는 경작을 프기하는 땅이 많아 바로 토지를 빌릴 수 있을 것으로 생각하기 쉽지만 여러 절차를 따라야 한다.

농업은 개인이나 가족단위로 시작할 수 있지만 임업은 산림조합이나 입업회사에 근무하는 형태가 일반적이다. 어업도 어업권을 취득하려면 어업협동조합에 가입해야 한다. 특히 바다라는 공공재를 서로 나누는 현장에서는 금어禁漁 룰도 있어 신뢰를 얻기까지 시간이 든다.

　농업을 할 때는 어떤 작물을 짓는지가 중요하다. 쌀, 밀, 콩 등의 곡물류, 채소나 과일처럼 손이 많이 가는 작물의 종류에 따라 농사 방법은 차이가 난다. 출하처나 판매망도 고려해야 한다. 태풍, 한발, 대설 같은 자연재해에 대한 준비도 중요하다.

　임업이나 어업의 경우 옛날보다 기계화가 많이 이뤄졌지만, 여전히 사람 손에 의존하는 부분도 많아 체력에 자신이 없다면 쉽지 않은 일이다. 더구나 농업, 임업, 어업을 위한 기술은 하루아침에 몸에 배는 일이 아니다.

　농림어업은 늘 그렇듯이 자연을 상대로 하는 직업이다. 농번기에는 고양이 손이라도 빌려야 할 정도로 바쁘다가도 악천후가 이어지면 작업이 불가능하다. 도시의 사무직처럼 정확한 일정을 세워 주5일 근무제로 일할 수도 없다.

　더군다나 농업, 임업, 어업 모두에 해당하는 말이지만 수입이 안정적이지 않다. 수확량이나 날씨에 따라 수입이 좌우된다. 농업은 보통 시작해서 수입을 얻게 될 때까지 통상 1년이 걸린다. 어업은 악천후가 계속되면 출어를 할 수 없기에 수입을 보장할 수 없다. 이러한 변수 때문에 도시에서 일할 때처럼 수입을 바라더라도 좀처럼 그렇게 되지 않는 실정이다.

　가끔 '농업으로 1000만 엔 벌기는……' 식의 책이 있긴 하나 사실 그 정도의 수입을 얻고 있는 사람은 예전부터 자기 집이 농사를 짓던 U턴형 귀농자거나 아니면 농업과 관련된 어떤 노하우를 몸에 익혔을 가능성이 크다. 신출내기 귀농자가 단번에 고소득을 올리기란 불가능하다.

　주지한 바대로 농림어업의 취업인구는 감소하는 추세다. 일본 농림수산성 통계를 보면 2009년 농업 취업인구는 약 290만 명으로, 1960년 전성기 1454만 명보다 1164만 명이나 감소한데다가 65세 이상이 61퍼센트를 차지한다. 연간 60일 이상 자영농업에 종사하는 65세 미만 농부가 있는 '주업 농가' 수도 1990년 82만 호에서 35만 호로 절반 이하로 감소하고 있다. 임업 취업인구도 2005년 약 4만 7000명으로, 1995년 8만 6000명과 비교하면 약 절반으로 줄어들었다. 어업 취업인구는 농업이나 임업과 비교할 때 줄어드는 수는 적지만, 1997년 27만 8000명에서 2008년 22만 2000명으로 5만 명 이상 감소했다.

　이처럼 취업인구가 감소하고 있는 현실만 봐도 1차 산업만으로 생계를 영위하기가 어렵다는 사실은 두말할 나위가 없다. 지방에서 새로운 사업을 일으켜 성공하기 위해서는 1차 산업만으로는 한계가 있다. 그러므로 지방과는 아무런 관련이 없어 보이는 듯한 분야로까지 눈을 넓힐 필요가 있다.

농림어업의 테두리를 넘어서는 커뮤니티 비즈니스

　앞서 이야기한 바와 같이 1차 산업의 취업인구는 감소하고 있으며 생계를 보장할 정도의 수입을 얻기도 어려워 한계가 있다. 최근 들어 다양한 체험 프로그램을 시행하는 등 도시인을 적극적으로 받아들이려고 하는 시정촌이 늘어나고 있다. 지방은 원래 보수적인 성향이 강하고 외지인이 들어오는 데 대한 경계심이 크기 때문에 개인별로 농림어업을 시작하려고 할 때 환영받지 못하는 예도 적지 않다.

그렇다고 해도 1차 산업으로 사업을 일으키려는 뜻을 부정할 일은 아니다. 이런저런 문제나 위험요소가 있긴 해도 지금 상태에서 지역의 주된 산업이 농림어업이라는 사실은 변함이 없기 때문이다. 농림어업에 종사함으로써 지역주민과 공통 화제로 대화를 나눌 수 있고 지역 공동체에 자연스럽게 끼어들기 쉽다는 장점도 생긴다.

농림어업이라고 해도 벼나 채소를 재배하거나 고기를 잡는 직접적인 생산 이외의 분야에서 사업을 시작하려는 사람도 있다. 수확한 농작물, 어류, 목재를 가공하는 분야도 있고 출하해서 시장으로 유통하는 분야도 있다. 마케팅, 홍보, 영업의 경험과 기술이 있는 사람은 홈페이지를 만들어 정보를 제공하는 방식으로 새로운 형태의 비즈니스를 만들어내는 일도 가능하다.

최근 들어 주목받고 있는 '제6차 산업'(농축산물 생산이라는 제1차 산업으로서의 기능·역할에 식품가공 같은 제2차 산업적 요소와 유통·판매·서비스 같은 제3차 산업적 요소를 더하여 새로운 부가가치를 만들어 농림어업을 활성화하려는 시도) 등은 바로 그러한 예에 해당한다.

농림어업에 종사하면서 처음에는 부업으로 새로운 일을 시작해 궤도에 오르면 서서히 그쪽으로 무게중심을 옮기는 방법을 생각하는 사람도 있을지 모르겠다. 그러나 자연에 좌우되는 농림어업을 하면서 또 하나의 부업을 하는 일이 초심자로서는 그리 간단한 일이 아니다.

그런 방식보다 주 중에는 도심에서 일하다가 주말은 지방에서 농사일을 하거나 또는 1년 가운데 일정 기간을 지방에 머무는 '2지역 거주'를 체험하는 식으로 서서히 지방으로 비즈니스의 무게중심을 옮기는 방법이 현명하다고 할 수 있다. 현재 지방에서는 전업농가보다도 공무원이나 교사 같은 생업을 유지하면서 주말 등을 이용해 농업에 종사하는 겸업농가가 증가하고 있다.

지역주민에게 인정받기 위해서도 농림어업에 관해서는 가르침을 청하는 등 겸허한 태도로 임하는 자세가 중요하다. 새로운 사업도 사전에 철저한 조사와 지역주민과의 밀접한 커뮤니케이션을 도모할 필요가 있다.

지역활성화가 진전되지 않는 세 가지 이유

일본의 농산어촌 가운데 '제6차 산업화'를 추진하는 체계를 구축함으로써 사업으로 연결된 사례가 몇 가지 존재한다. 그렇지만 사업에서 더 나아가 지역활성화로 이어진 성공사례는 아직 그다지 많지 않다.

농산어촌에서 지역활성화 성공사례가 적은 데는 세 가지 이유가 있다고 할 수 있다.

첫째, 농산어촌 대부분이 지역경제가 자립할 수 있을 정도의 비즈니스 모델을 갖추고 있지 않거나 비즈니스 모델 자체를 확립하지 못하고 있다는 점이다. 이러한 지역은 도시에서 유입되는 이주자의 생활기반이 되는 생업을 만들어 고용을 창출할 수 있도록 할 필요가 있다.

둘째, 자연과 하나가 된 1차 산업과 연계된 지역 공동체 문화와 2차·3차 산업으로 형성된 기업문화와는 본질적인 차이가 있다는 점이다. 2차·3차 산업처럼 어느 정도 수익을 올릴지 자본 중심으로 평가되는 문화와는 달리 1차 산업은 수리권 조정, 금어기간·금어구역 조정과 같이 마을 전체에서 자연자본을 관리하고 운영하지 않으면 안 된다. 따라서 능력이나 자본과 달리 구축하는 데 시간이 드는 사람과 사람 간의 '신뢰 관계'나 '지역문화에 대한 이해'가 불가결하다. 지역 중심인물과의 연결고리를 갖추는 일도 중요하다.

셋째, 지역을 활성화할 기술이나 경험이 정리되어 있거나 체계화되어 있지 않고 그것을 배울 곳도 없다는 점이다. 2차·3차 산업이라면 취직이나 전직을 할 때 지금까지 익힌 학문, 경험, 자격 등이 채용의 조건이 되는 사례가 많다. 그런데 지방에서 일하고 싶어 하는 도시인 대부분은 그동안 습득한 기술과 지식을 살리지 않고 귀농의 길을 선택하는 사례가 적지 않다. 지방에서는 도시인이 갖춘 기술과 경험이 필요한데도 쌍방의 요구를 알지 못하기 때문에 들어맞지 않는 경우가 잦다.

지역에 힘이 될 인재라고 해도 단지 지방으로 내려가는 것만으로는 지역활성화를 기대할 수 없다. 지역의 요구에 맞는 인재를 적재적소로 보내 연결하는 시스템이나 기관이 필요하다.

도시에서 쌓은 기술이 지역에서 쓰인다

지방에서 사업을 시작하려면 뭔가 특별한 지식이나 기술이 있어야 한다고 생각하는 사람이 많으리라고 본다. 하지만 지방에서 사업을 일으키는 데 특별한 기술을 습득할 필요는 없다. 최소한 알아두어야 할 내용은 있지만 도시에서 몸에 익힌 지식이나 기술을 살려 새로운 사업을 만들어낼 기회는 많이 있고 이 책의 콘셉트도 여기에 있다.

과연 어떤 지식과 기술이 이로울까? 몇 가지 사례를 들어보겠다.

우선 경리 업무를 담당했던 사람이라면 부기나 회계 지식을 그대로 살릴 수 있다. 지역에선 비료나 기자재 구매, 수확물을 판매하고 올린 매상 등을 깔끔하게 관리할 수 있는 사람을 찾고 있기 때문이다.

시장에서 어떤 상품이 팔릴지를 조사하고 고객이 요구하는 상품(농작물이나 어획물)을 개발해 판매 거점에서 효과적인 판로 방안을 고안하는 마케팅 능력도 지방에서 필요한 기술이라고 할 수 있다.

도시에서 경영활동으로 개척해놓은 유통망을 활용하면 기존 농협이나 어협에 출하하는 방법과 더불어 독자적인 판매망을 형성함으로써 판로 확대로 연결된다.

컴퓨터를 이용하여 정보를 처리하고 제공하는 IT 기술은 지방 사람, 특히 고령자가 가장 어려워하는 분야이므로 환영받기 쉽다. 인터넷으로 상품을 홍보하거나 직접 판매함으로써 판매망은 비약적으로 확대된다.

팸플릿이나 전단 등의 판촉물을 제작할 수 있는 기술도 커뮤니티 비즈니스에 매우 효과적이다. 확실한 특산품이나 행사가 있더라도 판촉 효과를 낼 홍보 문구를 뽑지 못하거나 눈길을 끄는 디자인을 하지 못하는 탓에 외부로 널리 알려지지 않는 지역도 있기 때문이다. 그러므로 도시에서 광고 제작이나 편집, 글쓰기, 디자인 등의 분야에서 일했던 사람이라면 충분히 활약할 수 있는 곳이 있다.

다양한 행사를 기획하고 창출하는 능력도 지방에서 살릴 수 있다. 최근 도시에서 농부시장이나 지역진흥 전람회 등을 개최하는 지역이 늘어나고 있지만, 하다 보면 비슷한 내용이 되는 사례가 잦다. 도시에서 다양한 행사를 기획해 관람객 모집에 성공한 경험이 있는 사람이라면 지역자원을 더욱 효과적으로 홍보하는 행사를 전개할 수 있다.

과소화나 고령화가 진행되고 있는 마을에서는 교육, 복지, 의료 등의 지식이나 기술을 갖춘 사람이 활약할 장은 많다.

교육 분야로 국한해서 말하자면 예를 들어 학원을 여는 방법이 있다. 지방에는 학원이 적어 도시처럼 생생한 진학 정보를 얻기 어렵다. 도시에서 온 이주자 중에는 교육에 불안을 안고 있는 이들도 있기 때문에 진학 관련 전문가는 환영받기 쉽다. 이와 반대로 여름방학 등을 이용해 도시 아이들을 모아 농산어촌에서 자연과 벗하며 공부하는 자연학교 같은 프로그램을 여는 일도 가능하다.

복지나 의료 분야에서는 도시의 복지시설이나 병원 같은 네트워크를 구축하는 방법을 활용하여 복지·의료 사업을 전개할 수 있다.

지역마다 놓인 상황이나 요구를 파악하면 도시에서 갖춘 기술과 경험을 살릴 수 있는 장이 여전히 많이 있다. 앞에서 이야기한 바와 같이 지방에서는 지역주민이 할 수 없는 일을 할 수 있는 사람, 새로운 지역자원을 발굴할 사람을 찾고 있다. 각자가 갖춘 기술과 경험을 제대로 살릴 수 있는 비즈니스로 어떤 게 있을지, 어느 지역에서 사업을 일으키기 쉬울지를 생각해두면 좋을 것이다.

1 ● 지방마다 다양한 지역자원이 있지만 이를 발견하지 못하거나 제대로 살리
지 못하는 사례가 많다.

2 ● 지역자원은 다른 지역 사람에 의해 발견되는 사례가 적지 않다. '외지인의
관점'은 새로운 커뮤니티 비즈니스를 만들어내는 기폭제가 될 수 있다.

3 ● 지역에 이익을 가져다주고 활성화를 촉진하는 사업이 아니면 지역의 협력
을 얻을 수 없으며 성공도 바랄 수 없다.

4 ● 커뮤니티 비즈니스는 농림어업에 국한되는 일이 아니다. 1차 산업과 2차·
3차 산업이 연결된 '제6차 산업', 도시의 욕구나 노하우를 살린 새로운 사
업을 생각해보자.

5 ● 도시에서 몸에 익힌 지식이나 기술을 살려 새로운 사업을 일으킬 기회는
많이 있다.

커뮤니티 비즈니스를 실천한다

지방과 도시의 결합으로 새로운 비즈니스를 창출한다

지식과 기술이 지역과 만나 새로운 비즈니스로 이어진다

2단계에서 기술한 바와 같이 지방에는 도시에서 익힌 지식이나 기술을 살려 사업을 일으킬 기회가 많이 있다. 지방에서 가능한 사업이 1차 산업만이 아닌 까닭이다. 그런데 각자 갖추고 있는 지식과 기술을 바탕으로 커뮤니티 비즈니스를 어떻게 생각해야 좋을지 잘 모르는 사람이 대다수가 아닐까 싶다.

이 책의 3단계는 '커뮤니티 비즈니스 실천편'에 해당하며 구체적인 아이디어를 창출하는 방정식을 설명하는 장이다. 68쪽부터 그 방정식에서 파생된 7가지 아이디어를 소개하겠다. 아이디어에 가까운 사업 모델을 사례로 들면서 실현하기 위한 비결을 해설하고 그 아이디어에 가까운 직종도 골랐다.

그런데 한 가지 주의해야 할 점은 여기서 기술하는 사례는 어디까지나 방정식을 사용하는 방법을 소개하기 위함이라는 사실이다. 커뮤니티 비즈니스는 도시의 사업과 비교할 때 사람들 간의 밀접한 관계에 의해 성립하는 비율이 높다. 지역주민에게 신뢰를 얻지 못하면 사업을 일으키기란 어렵다. 또한 커뮤니티 비즈니스는 지역주민이 주역이 되어 지역을 활성화하는 일로 연결되지 않으면 안 된다. 도시에서만 적용 가능한 아이디어는 단지 그림 속의 떡에 불과하다. 그러니 지방에서 비즈니스를 일으키려면 우선 현장에서 발품을 파는 일이 무엇보다 중요하다.

커뮤니티 비즈니스 아이디어를 창출하는 방정식

새로운 커뮤니티 비즈니스를 가능케 하는 아이디어는 어떠한 방정
식에 의해 도출되는지 다름과 같은 그림을 활용하여 설명하겠다.

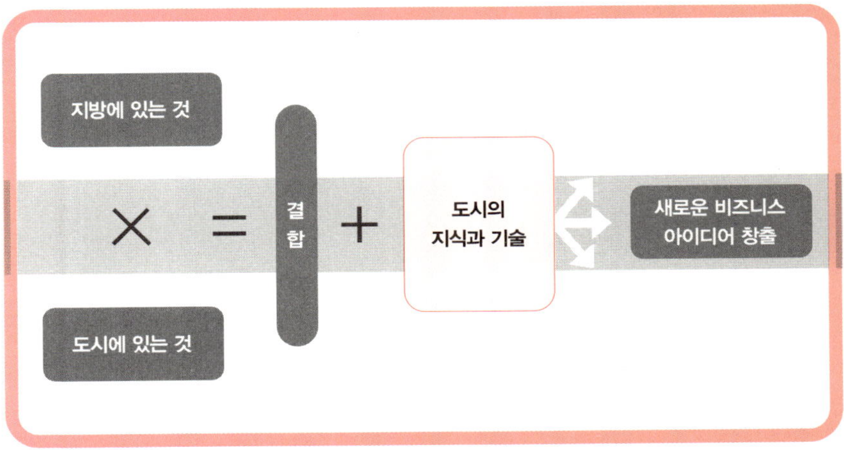

기본은 지방과 도시에 있는 자원이다. 지방에 있는(없는) 자원과 그
지역이 당면한 문제, 도시에 있는(없는) 자원과 도시가 안고 있는 문
제를 서로 연결해 지방을 배경으로 새로운 비즈니스 아이디어를 창출
할 수 있다는 이야기다.

우선 지방에 있는(없는) 자원, 도시에 있는(없는) 자원을 무작위로
추출한다. 이 시점에는 비즈니스로 연결할 수 있을지 여부는 전혀 생
각할 필요가 없다.

주식회사 이로도리 www.irodori.co.jp

지역에 있는 자원을 생각할 때에는 고향이나 가 보고 싶은 곳을 이미지로 그려보면 좋다. 그 지역의 매력, 남아도는 것, 부족한 것 등을 열거해보자. 상쾌한 공기, 녹음, 풍부한 자연, 명산품, 온천 등 여러 가지 자원이 떠오를 것이다.

남아도는 것이나 폐기 대상이 되고 있는 것 등을 생각해봐도 좋다. 도쿠시마현 가쓰우라勝浦군 가미카쓰上勝정 소재 주식회사 '이로도리'는 산이나 집 뒤뜰에 떨어져 있는 '낙엽'을 고급 요릿집에 '장식용'으로 제공해 2억 6000만 엔의 매상을 올렸다. 이와 같이 지역에 지천으로 널린 대상이나 물건을 다른 관점으로 발굴해 새로운 가치를 창출하는 비즈니스 사례도 있다.

자유로이 이동할 수 있는 교통망, 광섬유나 무선랜 같은 통신 인프라, 국내외 유명 브랜드 전문점이 한곳에 모여 있는 대형 백화점처럼 도시에 사는 사람에게 당연한 것도 지방에 사는 사람의 시각에서 보면 유용한 자원이 될 수 있다.

이와 반대로 지방이나 도시에 없는 자원이나 있기를 바라는 대상을 생각해보자. 이렇게 해서 지방에 있는(없는) 자원, 도시에 있는(없는) 자원을 선택했다면 다음으로 그중에서 서로 한 가지(또는 2가지 이상)를 골라내 서로 짝 맞춰 연결함으로써 어떠한 형태(분야)의 비즈니스를 일으킬 수 있는가를 생각해보자.

그다음엔 그 비즈니스 아이디어를 실현하는 데 필요한 기술과 지식을 고찰한다. 그 위에서 구체적인 사업계획을 기획해가는 것이다. 도시에서 습득한 기술과 경험은 업무 경험으로 얻은 게 아니라 취미나 특기로 습득한 것이라도 충분히 살릴 수 있다. 자신에게 있는 기술이나 지식, 특기 등을 사용해 무엇이 가능한지 그 일을 생각하기 바란다.

경제산업성에서는 2007년 3월, 도쿄증권 1부 상장기업과 임의로 추출한 중견·중소기업 인사부를 대상으로 설문조사를 시행하고 〈기업이 요구하는 인재상—사회인 기초능력과의 관계〉라는 제목으로 결과를 발표했다. 이 자료를 보면 직종별로 찾으려고 하는 능력이 열거되어 있다. 이를 참고하여 여러분이 도출한 비즈니스 아이디어를 실행하려면 어떤 능력이 필요한지, 지금 그러한 자질을 갖추고 있는지 검토해보면 좋겠다.

직종	요구되는 능력
사무, 관리	과제를 발견하는 능력, 계획력, 규율성
기획	창조력, 주체성, 과제를 발견하는 능력
영업	실행력, 주체성, 상황 파악력
기술, 연구	실행력, 과제를 발견하는 능력, 창조력
판매, 서비스	유연성, 경청하는 능력, 정보제공 능력
전문직	과제를 발견하는 능력
금융	계획력, 과제를 발견하는 능력, 상황 파악력
크리에이티브	창조력, 유연성
정보기술IT	과제를 발견하는 능력, 상황 파악력, 창조력

▲직종별로 찾는 인재상
경제산업성 〈기업이 요구하는 인재상—사회인 기초능력과의 관계〉(2007년 3월) 조사결과에서

경제산업성에서는 사회인에게 필요한 기초능력으로 '앞으로 나아가는 힘Action' '생각해내는 힘 Thinking' '조직으로 일하는 힘Teamwork' 세 가지를 설정하고 각각에 요구되는 능력의 요소를 제시한 뒤 기업에 설문조사를 시행했다.

① 앞으로 나아가는 힘Action : 주체성, 업무처리능력, 실행력
② 생각해내는 힘Thinking : 과제를 발견하는 능력, 계획력, 창조력
③ 조직으로 일하는 힘Teamwork : 정보제공 능력, 경청하는 능력, 유연성, 상황 파악력, 규율성, 스트레스 관리능력

아이디어를 내는 5단계

지방과 도시에 있는 것과 없는 것은 뽑았지만 사업 아이디어를 어떠한 방법이나 과정을 거쳐 만들어내야 좋을지 모르겠다고 하는 사람도 있으리라고 본다. 미국 광고업계에서 요직을 역임한 제임스 W. 양

이 쓴 책 《아이디어를 내는 방법》을 참고로 아이디어를 창출하는 과정을 5단계로 정리하겠다.

1. 자료 수집—다양한 자료에 겉으로 드러나는 차이가 없다면 작업을 중지할 법하다. 하지만 아이디어는 기존에 있는 요소의 새로운 조합 이외의 어떤 것도 아니다. 깊이 파들어 감으로써 아이디어를 낳는 새로운 조합을 발견할 가능성이 커진다.
2. 마음속에 자료를 정리한다—머릿속에서 스쳐 지나가는 부분적인 아이디어를 기록으로 남겨둔다. 이 과정은 앞으로 생길 진정한 아이디어의 전조이며, 기록으로 남겨둠으로써 아이디어의 작업과정이 전진한다.
3. 아이디어를 부화시키기 위해 일단 그 문제에서 마음을 뗀다.
4. 사실상 아이디어의 탄생—이 단계는 기대하고 있지 않을 때 찾아오는 일이 잦다.
5. 아이디어를 현실적이고 유용한 것으로 만들기 위해 구체화한다.

이 내용을 참고하여 사업 아이디어를 창출하는 훈련을 계속해나가기 바란다. 처음에는 실현 가능성을 생각하지 말고 각자 생각한 아이디어를 가능한 한 깊이 고민해본다. 그리고 그것을 정리하고 분석해 실현할 수 있을 만한 아이디어를 계속 짜내본다. 독창적인 아이디어가 단번에 떠오르지 않더라도 훈련을 거듭하면서 점점 자기 나름의 아이디어를 구체화하면 된다.

기존의 지식, 기술, 능력을 살린 사업계획

68쪽부터 소개하는 7가지 사업 아이디어 가운데에는 유사한 일에서 실마리를 얻은 내용도 있다. 누군가 이미 시작한 사업이라도 그 규모나 지역에 따라 차이가 있으므로 사실상 똑같은 사례는 없다. 그러니 선구자가 시작한 사업을 하나의 모델로 잡아 살릴 점이나 개선할 점이 없는지 생각하여 나름대로 새롭게 재구성해도 좋다.

이 책에서 소개하는 사업 아이디어는 어디까지나 참고 사례이므로 커뮤니티 비즈니스의 아이디어는 사실상 무한대로 생각할 수 있다. 여러분이 지금까지 일하면서 쌓은 경력이나 기술, 취미나 특기를 살려 독창적인 사업계획을 생각해내기 바란다.

지금 지방은 유지가 곤란한 한계마을뿐 아니라 중간지역·도시근교까지도 경제적으로 정체되어 있어 폐쇄감을 느끼고 있다. 한편 도시에서도 불황 탓으로 파견직 중지에 따라 많은 이가 생활의 근거가 되는 일자리를 잃고 있다. 도회지 사람도 폐쇄감을 안고 있기는 마찬가지다.

이러한 상황을 타개해 지방과 도시를 활기차게 하고 나아가 일본 전체에 활력을 불어넣을 수 있는 새로운 커뮤니티 비즈니스를 창출해내길 바라는 마음이다. 지방과 농업이 다시금 주목받고 있는 지금이야말로 그 기회가 확대되고 있는 셈이다.

아이디어를 실제 비즈니스로 만들기까지

이제부터 소개하는 아이디어를 실행에 옮겨 사업으로 성립시키기 위해서는 지역 공동체로 들어가 지역주민의 신뢰를 얻어 그 땅의 특성이나 조건을 잘 이해하지 않으면 안 된다. 지역활성화 비즈니스 성공사례로 유명한 주식회사 이로도리의 낙엽을 파는 아이디어도 그 이전에 지역주민과의 관계 형성에 성공했기 때문에 가능했다고 말할 수 있다.

지방에서 사업을 일으킬 때는 작은 성공을 조금씩 쌓아가는 과정이 중요하다. 단번에 큰 투자로 위험을 무릅쓰고 성공을 노리기보다는 적은 투자라도 하나씩 하나씩 성공을 쌓아 주위 사람이나 지역과의 신뢰관계를 구축해가는 일이 중요하다. 도전했던 일이 생각지도 못한 방향으로 성공하는 경우도 있으며, 작은 성공이 지역주민과의 신뢰를 구축하는 계기가 되는 사례도 있다. 지역의 특성을 파악해 지역주민의 신뢰를 얻을 때 사업상 아이디어도 참된 의미의 실현성을 획득할 수 있다.

'성공'이라고 해도 도시적인 사업의 성공을 모든 지역이 바란다고는 볼 수 없다. 지역이 바라지 않는 도시의 사업적 성공을 밀어붙인들 신뢰를 얻을 수 없다.

사업을 시작하는 데는 투자가 필요하다. 현재 커뮤니티 비즈니스나 사회적기업에 대한 다양한 방식의 보조나 융자, 사업위탁 등의 지원이나 기회가 있다. 지역의 과제나 자원을 간결하게 정리해 사업계획

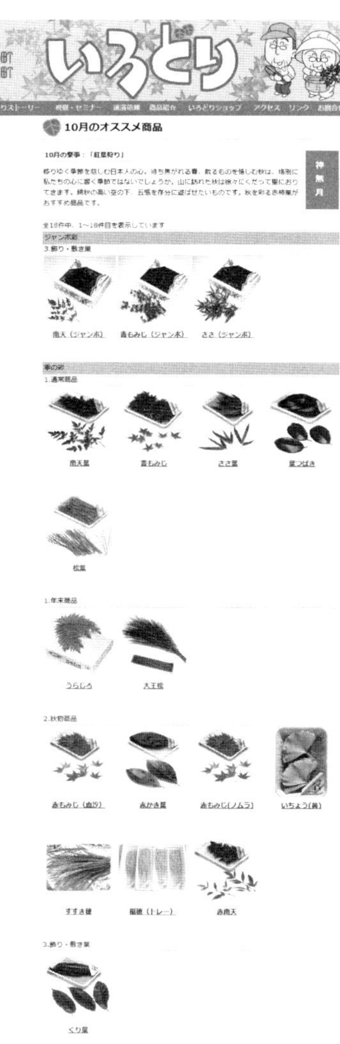

장식용 낙엽을 판매하는 이로도리

을 수립할 수 있으면 이런 제도를 이용해 자금을 확보할 수 있다. 장래에 창업을 생각한다면 사업자금을 밖에서 조달하는 방법도 나쁘지만은 않다.

지역활성화에 관한 한 숙련자인 지역 프로듀서라고 해도 사업 성공률이 절반이면 잘된 것이라고 볼 수 있다. 성공의 이면에는 시행착오와 수많은 실패를 거듭한 과정이 있음을 잊어서는 안 된다. 성공하기까지 포기하지 않고 꾸준히 도전하는 자세가 중요하다는 사실을 마음에 새겨두었으면 한다.

01

（지방） 지방의 쇠퇴 × （도시） 사회공헌 지향

커뮤니티 비즈니스로 지역을 활기차게 한다

커뮤니티 비즈니스에 흥미가 있더라도 누구나 간단히 지방으로 이주할 수는 없는 일이다. 도시에서 일정한 수입이 보장된 직업을 가진 사람이라면 그 직업을 통해 인간관계도 형성되어 있을 테고, 집과 가족이 있는 사람이라면 수입 감소 등의 위험부담을 안고 지방에서 사업에 두 발을 담그기는 쉽지 않은 일이다.

그렇다고 커뮤니티 비즈니스를 포기하기엔 너무 이르다. 지방으로 이주하지 않고 도시의 생활을 지키면서 커뮤니티 비즈니스를 시작하는 일이 불가능하지만은 않기 때문이다. 여기서 제안하는 사업 아이디어는 지방으로 이주해 1차 산업이나 건설업, 상점 재생에 종사하는

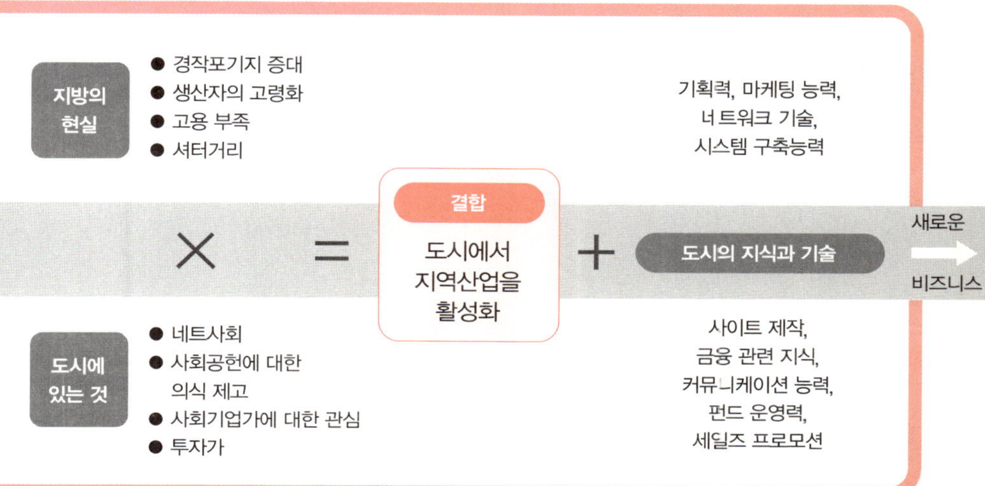

방식의 틀을 넘어선다. 도시에 거점을 두고 관계망을 구축함으로써 지방에 공헌하는 사업을 시작하는 방식을 채택하기 때문이다.

일본 대부분 지방에서는 인재 유출이 그치지 않고 있다. 그 결과 농산어촌은 후계자 부족, 일손 부족으로 생산자의 고령화 문제와 더불어 경작을 포기한 땅이 늘어나는 문제를 안고 있다. 농업수산성이 시행한 조사를 보면 2005년 전국 경작 포기지의 총면적은 38만 6000헥타르로 30년 전인 1975년 13만 5000헥타르와 비교하면 2.8배나 늘었다.

이는 농산어촌에 국한된 문제가 아니다. 전국 대부분 지방의 상점가는 사람의 왕래가 끊겨 빈 점포가 눈에 띄는 셔터거리가 되어 있다.

이러한 지역경제의 정체와 파탄을 우려해 경제산업성은 2000년대

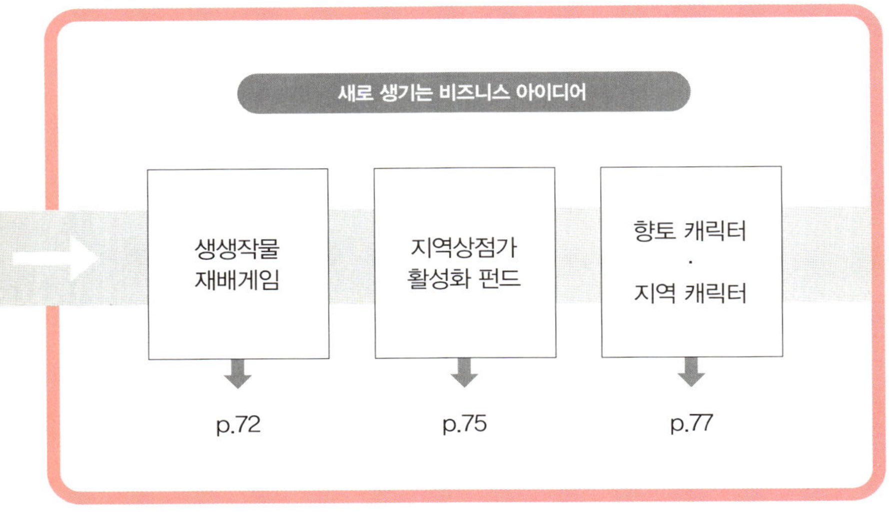

에 들어서 지역경제의 활성화를 촉진하고 일본 산업의 국제경쟁력을 강화할 목적으로 '산업 클러스트'• 계획을 시작했다. 전국 각지에 있는 기업, 공공기관, 대학 등이 산관학 연대나 이업종異業種 연대를 구축해 지역을 중심으로 한 신산업과 신사업 창출을 지향하는 것이다.

이와 더불어 불황의 여파 때문인지 유명기업에 취직하기보다 지방 활성화에 가치를 둔 학생과 젊은이가 확연히 늘어나고 있다는 사실을 상기하기 바란다. 사회공헌이나 지역활성화 관련 학부가 대학에 있기 때문에 도시에서 장래 사회기업가에 뜻을 둔 대학생들이 존재한다.

• 산업 클러스트는 연관이 있는 산업의 기업을 한곳에 모아 시너지 효과를 도모하는 산업집적 단지를 의미한다.

화이트밴드 캠페인 www.whiteband.org

사회공헌이라는 면에서 과거 '화이트밴드 캠페인'*이나 인터넷 모금 운동에 많은 젊은이가 흥미를 보이고 실제로 행동으로 옮겼다. 현지에 가서 활동하지는 못하더라도 젊은이들은 뭔가 사회에 공헌하고 싶다는 마음을 가슴에 품고 있다.

이런 변화 속에서 정부 또한 지역산업의 활성화에 힘을 쏟고 있는 만큼 종래의 틀에 머물지 않고 지역에 새로운 관여 방식을 제안하는

---

* 화이트밴드 캠페인은 2005년 설립된 전 세계 NGO 네트워크인 '빈곤퇴치를 위한 지구행동 Global Call to Action against Poverty'이 시작했다. 각국 정상들이 유엔 밀레니엄 총회에서 절대빈곤과 기아 퇴치를 위해 2015년까지 달성하기로 결의한 8가지 새천년개발목표Millennium Development Goals를 이행하도록 압력을 넣고 가난한 나라가 자립할 기반을 조성할 수 있도록 정의롭고 공정한 파트너십을 요구하는 전 세계적인 연대운동이다. 우리나라에서는 경실련, 한국해외원조단체협의회 등 24개 개발 NGO와 시민사회단체가 연대하여 설립한 '지구촌빈곤퇴치시민네트워크'가 화이트밴드 캠페인을 주관한다.

사업을 생각하면 좋겠다. 지역을 활기차게 하는 일은 '지방과 도시가 윈윈하는 관계를 만든다'고 하는 취지에도 부합하기 때문이다.

생생작물 재배게임  유통·소매업, 온라인 사업, 이벤트 기획자, 게임 크리에이터 등

SNS를 활용하여 지방의 채소를 키운다

농업을 시작하고 싶다거나 자급자족의 생활을 원하는 도시지역 사람 가운데 주 중에는 도시에서 일하고 주말에는 지방으로 와서 농사를 하겠다는 사람도 많다. 그렇지만 하루하루 일에 쫓기는 생활 속에서 농업을 하고 싶다고 생각하는 모든 사람이 주말에 지방으로 출퇴근을 할 이유는 없다.

이런 상황에서 지역 농가와 연대해 도시에서 농업에 흥미를 느끼는 사람을 모집하여 인터넷의 SNS(소셜 네트워크 서비스)를 매개로 채소 키우기나 벼농사에 참여하는 '생생작물 재배게임'이라는 사업을 제안하고자 한다. 게임이라고 이름 붙였지만 웹사이트에서 채소나 벼를 재배하는 가상적인 활동이 아니라 실제 농장을 무대로 작물을 기르거나 벼농사를 확대해가는 것이 이 사업의 특징이다.

구체적인 방법은 이렇다. 이용자는 현지에 관리인(지역주민이 아니라 도시인을 고용해도 좋다)을 두고 농사일을 대행하게끔 한다. 관리인

빅글로브팜 farm.biglobe.ne.jp

은 원칙적으로 매일 작업과정이나 생육 상황을 디지털 카메라에 담아 사진이나 동영상으로 이용자에게 보고한다. 작업과정가다 포인트를 매겨 이용자는 그 포인트에 맞춰 요금을 지불하는 방식이다. 무사히 수확을 끝냈다면 이용자는 관리인에게 보너스 포인트를 증정한다. 수확한 채소가 도착하면 이용자는 스스로 채소와 벼를 키웠다고 하는 만족감을 느낄 수 있을 것이다. 이용자에게 시간적 여유가 있다면 실제 작업이나 수확 과정에 참여해도 좋다.

이처럼 온라인을 활용한 작물 기르기는 2009년도부터 NEC 빅글로브에서 시작한 바 있다. '빅글로브팜BIGLOBE FARM'이라는 임대농원으로 관리인이 붙은 농원과 인터넷 환경을 융합한 방식이었다. 이용자가 현지를 방문해서 지도위원에게 씨 뿌리는 법이나 모종 심는 법 같은 재배법을 지도받을 수 있음은 물론 물 주기나 잡초 뽑기 같은 지원도 받을 수 있다. 농원에 설치된 카메라를 통해 이용자는 언제든지 컴퓨터나 휴대전화로 작물의 생육 상황을 확인할 수 있고, 이밖에 농원 이용자들과 교류하거나 지도위원과 채소 재배와 관련된 상담을 할 수도 있다.

생생작물 재배게임은 기러한 방식의 응용판이라고 말할 수 있지만 게임 형식으로 만들었다는 점에서 큰 차이가 있다. 빅글로브팜은 임대농원이라는 형식으로 이용자가 임대료라는 직접적인 대가를 지급하는 데 비해 이 방식은 임대료나 비료비 등이 하나하나 포인트로 책정되어 작업비용에 포함된다는 점이 다르다. 게임 형식이어서 디지털 세대인 젊은이가 참가하기 쉬울 것이다.

비즈니스 실현비결

이런 사업을 일으키려면 시스템 구축이나 인터넷 기술, 웹사이트 제작과 같은 기본 기술뿐 아니라 이용자를 모으는 기획력이 필요하다. 물론 운영을 위해 지역 생산농가의 협력도 필수적이므로 교섭력이나 커뮤니케이션 능력도 필요하다. 이용자한테서 징수하는 임대료 등은 일반 시민농원이나 '빅글로브팜'의 사례를 참고해 정하면 되리라고 본다.

협찬사나 지자체 등에 후원을 구하는 방법도 있지만 귀농이나 전원생활 관련 사이트 관리자나 이메일 매거진 발행자와 연대해 어필리에이트(Affiliate, 성공보수형 광고)[*]의 형태로 홍보하고 인지도를 높이는 방법도 있다.

<table>
<tr><td>**지역상점가활성화기금**</td><td>
대상
직종</td><td>증권맨, 은행원, 무역업자 등</td></tr>
</table>

협력자를 모아 동기를 유발한다

기업이나 대학에서 첨단기술 연구를 추진하고자 펀드를 조성해 출자자를 모으는 사례가 많다. 특히 대학에서는 벤처 육성을 위해 기술이전기관TLO이나 산관학 연대 창구를 개설해 사업화를 위한 자금을 모으는 수단으로 기금을 설립하는 사례가 늘어나고 있다.

쇠퇴하고 있는 지역의 상점가를 재생·부활시키기 위해 '지역상점가활성화기금'이라는 사업 아이디어를 생각해보았다. 기금에 투자한 출자자가 상점가에서 쇼핑하면 할인 또는 지역 특산품을 받거나 축제 같은 지역 행사에 우선적으로 참가할 수 있는 혜택을 받게끔 한다. 정체된 지역 상점가에서 단번에 배당금을 낼 수 있는 매상을 기대하기

●　　　머천트Merchant와 어필리에이트Affiliate를 이해하면 제휴마케팅을 쉽게 이해할 수 있다. 머천트는 대개 쇼핑몰이나 콘텐츠를 보유한 매체사로 광고주를 의미한다. 어필리에이트는 운영 중인 사이트에 광고주 파트너와 제휴해 광고를 게재하여 광고 수익금을 받는 사람들을 의미 한다. 광고를 다는 블로거나 웹사이트 소유자가 이에 해당한다. 최근 들어 광고주 대부분은 트래픽 유발단으로는 만족하지 않고 직접적인 마케팅 효과를 유발한 어필리에이트에게 광고비를 지급하는 방식을 선호하고 있다.

어려우므로 이러한 혜택을 제공하는 것이다. 출자액도 일반적인 기금보다는 낮게 설정해 전국에서 광범위하게 출자자를 모으는 방식으로 하면 좋으리라고 본다.

지역 상점가는 지역상점가활성화기금을 통해 모금한 자금으로 다양한 아이디어를 시도할 수 있다. 이렇게 하면 지역활성화를 이루려는 의식도 높아지지 않을까.

비즈니스 실현비결

도시에서 증권맨이나 은행원 등 금융기관 직종에 종사하는 사람이 이런 사업에 유리하긴 하지만 꼭 그러한 사람만 성공하는 건 아니다. 오히려 많은 사람으로 하여금 출자하게 함으로써 지역 상점주의 동기를 유발하는 시스템을 만드는 일이 중요하다고 할 수 있다.

최근에 대학의 세미나에서 지역 상점가와 손잡고 지역을 활성화하기 위해 다양한 아이디어를 시도하는 곳이 늘어나고 있다. 독창적인 기금을 구축할 기획력이나 조정능력을 연마하기 위해 대학을 통해서 이들 세미나와 파트너십을 형성하는 것도 하나의 방법이다.

지역을 상징하는 캐릭터로 지역 브랜드를 확립한다

캐릭터 붐이 일고 있다. 중앙부처에서 도도부현, 기업의 마스코트에 이르기까지 모든 분야에 캐릭터가 존재한다. 친근한 캐릭터인 '히코냥'● '센토쿤'●● 등 전국적인 인기를 끌고 있는 사례도 있다. 애니메이션이나 게임의 세계에서는 '모에캬라'●●●라고 하는 미소녀 캐릭터가 인기를 끌고 있다.

이러한 캐릭터를 농업이나 어업의 현장에서 채택해 '향토 캐릭터 · 지역 캐릭터'로 파는 아이디어는 어떨까. 지역에서 생산하는 쌀, 채소, 어패류, 특산품 등에 첨부하는 것만이 아니라 시청이나 학교 같은 공공장소에 전시하거나 시보市報나 구보區報에도 게재하는 방법이다. 지역을 떠오르게 하는 캐릭터로 내세워 도시에서 사회공헌과 같은 공감대를 형성할 수 있고 감정이입을 하기도 더 쉬워질지 모르겠다.

아키타秋田현 우고羽後정에 있는 '우고농업협등조합'은 동인지나

● 헤이세이 시대 무사를 형상화한 마스코트 캐릭터의 하나.

●● 2010년 나라현에서 개최한 헤이조 천도 1300년 기념사업의 공식 캐릭터로 2011년부터 나라현의 마스코트 캐릭터가 되었다. 사슴뿔이 난 동자의 형상을 하고 있다.

●●● '모에萌え'는 애니메이션, 만화, 게임 등 다양한 매체 속에 있는 대상에 대한 호의, 집착, 흥분 등의 감정을 나타내는 속어다. 초기에는 오타쿠의 취향에 따른 여성 캐릭터가 중심이었으나 점점 대상이 확대되고 있다.

히코냥   센토쿤

컴퓨터게임 등에서 인기 있는 작가가 그린 캐릭터를 활용해 '아키타 코마치秋田小町'*를 발매했는데 인터넷과 뉴스에서 다뤄져 일본 전국에서 주문이 쇄도했다. 레토르토 카레**나 수박에도 일러스트를 활용해 캐릭터 상품을 제작하는 등 캐릭터 비즈니스의 성공 사례가 되고 있다.

비즈니스 실현비결

생산지나 생산물의 특색을 살린 캐릭터를 만들어 외양만이 아니라 성격, 취미, 기호 등도 바꿔간다면 재미를 줄 수 있다. 주인공 캐릭터 주변에 조연 캐릭터를 배치하고 이야기식으로 사이트에 동영상을 공

● 일본의 쌀 재배품종의 하나. 1984년에 아키타현의 장려 품종으로 채택되었다.
●● 누구나 간단히 한 끼분의 카레라이스를 만들어 먹을 수 있는 편리한 상품.

개하면 더욱 흥미를 끌어 고정팬을 늘릴 수 있다. 여기에 지자체나 농협, 어협 등이 가세하면 규모가 큰 비즈니스가 될 것이다.

일러스트레이터로 프로가 아닌 동인지 작가를 기용함으로써 비용을 줄이는 방법을 모색할 수 있다.

02

지방 아동 감소 × **도시** 보육원 부족

아이가 없는 지방마을, 보육원이 부족한 도시

과소화와 고령화가 진전되는 지방마을에서는 '아이 소리를 들을 수 없게 됐다'고 하는 이야기를 종종 듣는다. 하지만 저출산화는 일본 전체가 안고 있는 문제여서 지방의 농산어촌만이 유달리 저출산화가 진행되고 있다고는 할 수 없다. 그러면 무엇이 문제일까?

농산어촌의 고민은 일터가 부족해 젊은이가 도시로 빠져나가 버리는 것이다. 도시에 정주한 젊은이들은 거기서 결혼해 아이를 낳아 키운다. 그 때문에 농산어촌에는 제법 자란 아이가 있는 가족이 점점 줄어들고 있다.

이와는 대조적으로 도시에서는 남녀고용기회균등법 시행 이래 결

혼·출산 후에도 일하는 여성의 비율이 증가해 맞벌이 세대 수는 2007년에는 1000만 세대를 넘어 고용 세대의 과반수를 차지하고 있다(후생노동성《남녀공동참여백서》, 헤이세이 2008년판에서). 불황으로 남편의 수입을 기대하기 어려운 오늘날, 밖에서 일해야 하는 여성이 늘어나고 있는 셈이다.

아이를 둔 맞벌이 세대로서는 부모나 친척이 가까이 있으면 좋겠지만 그렇지 않으면 아이를 보육원에 맡기게 된다. 그런데 도시에는 인가보육원(유아복지법에 기초해 도도부현이나 정령지정도시·중핵시가 설치를 인정한 보육원)이나 공립보육원이 부족한 현실이다. 그 때문에 무인가 보육원이라도 아이를 맡길 수만 있다면 다행이라는 심정으로 입원 신청을 해도 정원 초과 등의 이유로 들어갈 수 없는 '대기아동'이 넘

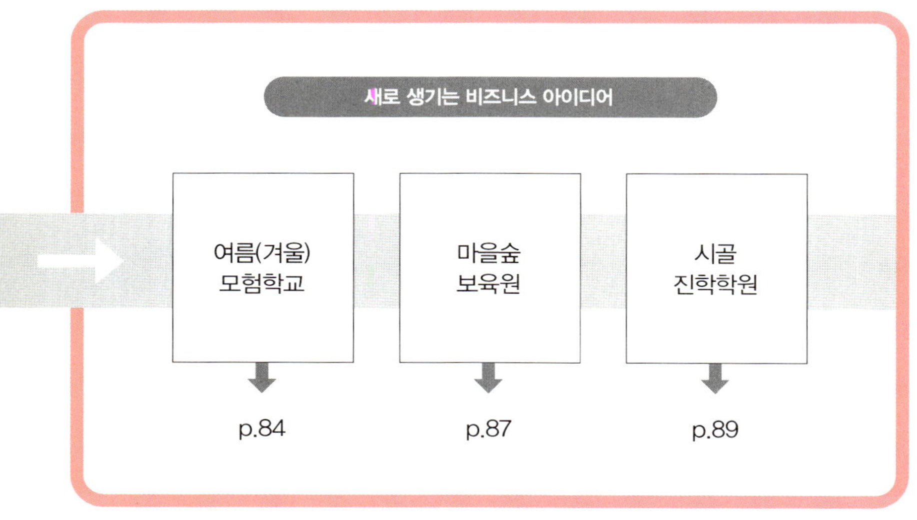

치고 있다. 후생노동성이 시행한 조사에서는 2009년 4월 1일 현재 대기아동수는 2만 5384명. 0~2세 유아는 2만 796명으로 80퍼센트 이상을 차지하고 있는 상황이다.

대기아동의 증가는 심각한 사회문제가 되고 있다. 아이를 시설에 맡길 수 없어 어쩔 수 없이 퇴직하거나 취직을 포기하거나 출산을 망설이는 여성이 늘어나 저출산 상태가 더욱 심각해지는 악순환 구조에 빠져 있다. 후생노동성은 이런 상황을 개선하고자 저연령아 보육과 연장보육 확충, 대기아동이 많은 도시 보육시설 중점정비를 핵심으로 한 '대기아동 제로작전'이라는 정책을 내놓고 있으나 가시적인 효과는 좀처럼 보이지 않는다.

한편으로 최근 일어난 로하스 붐, 자연회귀 붐을 반영해 '아이를 자연에 둘러싸인 지방에서 씩씩하게 키우고 싶다'고 하는 가족도 늘어나고 있다. 내각부 대신관방정부 홍보실이 2005년 11월에 시행한 〈도시와 농산어촌의 공생·대류對流에 관한 여론조사〉에 따르면 도시에 사는 사람의 20.6퍼센트가 농산어촌 지역에 자리를 잡고 살고 싶은 바람이 '있다'고 응답했다. 또 주말만 지방에서 생활하는 2지역 거주를 원하는 사람의 비율도 37.6퍼센트를 넘었다.

스트레스나 도시의 배기가스 등에 의해 천식이나 아토피에 걸린 아이들을 둔 이들은 의사로부터 자연이 풍요로운 지방으로 이주하라는 권유를 받는 일도 있을지 모른다. 어떤 경우든 감수성이 풍부하고 다양한 경험을 그대로 흡수할 수 있는 아이들을 생각해 좋은 환경 속에서 교육받게 하고 싶어 하는 부모가 늘어나고 있는 것만은 틀림없다.

이처럼 농산어촌 지역의 아이 부족과 도시의 보육원 부족이나 자연회귀 지향을 잘 연결하면 '지역에서 아이 키우기'나 '교육'을 주제로한 사업 아이디어가 떠오른다. 도시에 있는 가족은 자연 속에서 아이를 키우고 싶다는 희망이 있고, 지역으로서는 한창 일할 세대가 늘어나 지역활성화로 연결되리라고 본다.

저출산화로 말미암아 아이들에 대한 기대가 크고, 교육에 쓰는 돈을 아까워하지 않는 부모도 많다. 이러한 도시의 교육열을 지방으로 끌어들이는 사업을 전개하면 지역의 경제효과도 높아질 것이다.

<table>
<tr><td>여름(겨울) 모험학교</td><td> 대상
직종</td><td>이벤트 기획자, 여행 기획자,
교직원, 보육사 등</td></tr>
</table>

자연과 함께하는 공동생활로 생활력과 지혜를 익힌다

'잠자리나 송사리를 본 적이 없다'거나 '장수풍뎅이는 백화점에서 파는 것'으로 생각하는 아동이 늘어나고 있다. 이젠 이러한 현상은 도시에서 새삼스런 일이 아니다. 그 정도로 도시에서 아이들이 자연을 접할 기회가 줄어들고 있다는 뜻이다. 칼로 연필을 깎지 못하거나 구두끈을 매지 못하는 등, 예전의 아이들이라면 당연히 할 수 있는 일을 하지 못하는 아이들이 늘고 있다. 싸움을 할 때에도 손놀림이 좋지 못해 상대에게 필요 이상으로 상처를 입히기도 한다.

핵가족화가 진전되어 지역과의 커뮤니케이션을 잃어버림으로써 도시에서는 아이들 간에 이러한 왜곡이 생기고 있다. 근처의 아이들이 모여서 놀 기회가 적어지고 옛날처럼 나이가 많은 아이가 나이가 적은 아이에게 규율을 가르치는 모습도 보이지 않는다.

이러한 상황을 타개하는 방법으로 아이들에게 자연체험이나 생활체험을 하게 하면서 생활력이나 지혜를 몸에 익히게 한다는 아이디어가 '모험학교'다. 농산어촌 체험 프로그램은 이미 문부과학성 소관인 재단법인 사람을키우는모임에서 시행하는 '산촌유학'을 비롯해 여기저기서 생겨나고 있다. 도시에서는 어린이를 대상으로 한 직업체험형 테마파크인 '키자니아 KidZania'가 인기를 끌고 있다.

키자니아 www.kidzania.co.kr

　여기서는 여름방학이나 겨울방학에 도시 아이들을 농산어촌에 모으는 기획을 생각해보자. 농산어촌을 모험학교의 주무대로 삼아 아이들이 공동생활을 하고 농사일을 비롯하여 지역산업을 돕거나 축제와 같은 행사에도 참여하면서 지역주민과 깊은 교류를 나눈다. 식사는 기본적으로 스스로 해결한다. 식재료는 농가를 도와 수확한 채소를 받거나 아니면 바다에서 고기를 낚거나 산에서 나물이나 송이를 채집해서 조달한다. 숙박시설의 청소나 시설의 보수도 스스로 한다.

　'모험학교'이므로 아이들의 호기심을 자극할 다양한 체험도 준비한다. 캠프, 하이킹, 카누로 강을 따라 내려가기, 마을 보물찾기, 자연을 무대로 한 가위바위보 등 다양한 프로그램을 생각해보면 좋겠다. 지역에 계신 어르신한테서 농사기술을 배우거나 지역 고유의 전통공예나 전통예능을 배우는 프로그램도 좋다. 어르신도 아이들과의 만남으로 사는 보람을 느낄 수 있을 것이다.

모험학교 체험으로 아이들이 농업이나 자연 속에서 사는 데 매력을 느낀다면 성공이라고 할 수 있다. 매년 정기적으로 운영하면 아이들에게 지역주민은 피를 나누지 않았지만 친척 같은 사이가 되어 지방을 '제2의 고향'으로 생각하게 된다. 나중에 이들이 지역의 일자리를 찾아 취업을 하기도 하고, 가정을 꾸려 되돌아오면 대성공이다.

비즈니스 실현비결

여름(겨울) 모험학교는 산촌유학과 직업체험이 하나가 된 지방판 키자니아와 같다고 생각해도 좋다. 이 사업을 실현하려면 지역의 협력이 필요하므로 교섭력과 커뮤니케이션 능력이 중요하다. 기존의 프로그램과 차별화함으로써 아이들의 호기심을 충족시키기 위해서도 독창적인 기획력과 이벤트 기획능력이 요구된다.

모험학교를 운영하는 데 드는 자금은 여행대리점이 시행하고 있는 다양한 여행 프로그램의 노하우를 참고하여 마련하는 편이 좋겠다. 그런 의미에서 여행 기획자나 이벤트 기획 등을 경험한 사람 쪽이 유리할지도 모르겠다.

자연을 무대로 삼아 대기아동 문제를 해결한다

'숲유치원'이라고 하는 교육시설이 있다. 덴마크에서 한 어머니가 자기 아이와 이웃 아이를 숲 속에서 키운 데서 시작되었다고 한다. 유치원 건물 없이 매일 숲 속에서 시간을 보내는 독자적인 교육 형태가 반향을 불러일으켜 그 뒤 독일로 퍼졌다. 현재 일본에서는 도시근교부터 돗토리鳥取 현 지즈智頭 정처럼 과소마을이 많은 정에 이르기까지 각지에서 개원하여 횡적 네트워크도 확대되고 있다.

'숲유치원'은 자연체험활동을 중심으로 한 아이 키우기·보육, 육아·유소년기 교육의 총칭이다. 그 때문에 형태도 인가유치원·보육원만이 아니라 육아 동아리, 아이 키우기 살롱 또는 광장, 자연학교, 자연체험활동 단체 등 다양하다.

이 '숲유치원' 형태를 새롭게 구성해보면 어떨까. '가능하면 자연 속에서 아이를 키우고 싶다'고 생각하면서 직장이 있는 현실을 생각해 맡기지 못하는 젊은 가족을 위해 풍부한 자연이 있는 마을숲里地里山을 이용한 보육원을 개설하는 사업계획을 생각할 수 있다. 도시에 집착해 대기아동 문제로 머리를 싸매기보다 이쪽이 아이를 훨씬 더 씩씩하게 키울 수 있는 대안이 아닐까 싶다.

숲유치원 www.morinoyouchien.org

비즈니스 실현 비결

마을숲의 풍부한 자연을 이용한 자연관찰이나 하이킹과 같은 교육 프로그램을 생각해보자. 보호자에게는 산림보전에 관해 생각할 수 있는 체험 프로그램을 시도해도 좋을 것이다.

● 　　　일본어로 '사토里'는 마을을 의미하며, '야마山'는 산, 산림, 초원을 뜻한다. '사토야마'라는 말은 1960년 초반 삼림생태학자가 '마을에 가까운 산'을 일컫는 뜻으로 언급한 것을 계기로 대중적으로 쓰이게 되었다. 사토야마는 일본에서 도시지역과 원시적 자연 중간에 자리 잡고 다양한 인간의 활동 결과 환경이 조성된 지역으로, 마을을 둘러싼 2차림과 이와 혼재된 농지, 못, 초원 등으로 구성된 지역을 일컫는 개념이다.

수험정보가 부족한 지방에 교육 인프라를 정비한다

최근 대학으로 가는 길을 일찍 확보하려고 중·고등학교가 함께 있는 학교나 대학의 부속학교를 지향하는 학생이 급증하고 있다. 진학경쟁도 고교·대학입시에서 중학교 입시로 점차 연령이 낮아져 왔다. 도시에서는 초등학생이 밤늦게까지 학원에 다니는 모습을 언론에서 보도하고 있다.

한편 대학입시는 저출산화로 지원자가 감소하는 추세다. 그렇지만 대학진학 상황은 수험생이 '갈 수 있는 대학'에서 '들어가고 싶은 대학'으로 바뀌어 도쿄대, 교토대, 와세다대, 게이오대와 같은 최고 수준의 대학에 지원자가 오히려 증가해 훨씬 어려워지는 것이 현실이다.

이러한 교육열과 진학열은 도시 고유의 일이라고 생각하기 쉽지만, 사실 지방에도 고교진학·대학진학 문제는 당연히 있다. 최근 인터넷의 보급으로 지방에서도 도시의 대학이나 최신 입시정보를 얻을 수 있게 되긴 했지만 그래도 도시와 비교하면 생생한 정브를 얻기는 어려운 형편이다.

이런 상황으로부터 농산어촌 지역에서 학생들의 요구에 부응할 진학학원을 여는 방법을 생각해볼 수 있다. 집으로 방문해서 학생 상황에 맞춘 개인 차원의 면밀한 지도를 하는 가정교사 방식도 가능하다.

1963년 일본 학교의 교육 현장

오늘날 대학의 교육 현장

도시에서 학생을 가르쳤거나 진학학원을 연 적이 있다거나 교육 관련 기업에서 일한 적이 있는 사람이라면 입시와 연관된 지식이나 경험이 있으므로 지역에서 필요한 바를 파악해 거기에 맞는 교육 내용을 제공하면 좋겠다.

비즈니스 실현비결

학원을 위한 장소 확보, 학생 모집 등을 고려할 때 지역과의 커뮤니케이션이 중요하기에 교섭력, 홍보력, 정보제공능력 등이 중요하다. 진학학원이나 가정교사는 지역신문에 평판이 실리고 학생 수가 늘 때 경영이 안정될 수 있다. 정보제공을 위한 홍보·선전도 중요하지만 역시 수준 높은 강사진을 갖추는 일이 가장 중요하다. 이들 위해 도시에서의 인적 네트워크를 살렸으면 한다.

03

지방 방치된 시설 × 도시 일상탈출 욕구

폐시설 재생에 고민인 지방, 치유의 공간을 찾는 도시

과소화·고령화가 현저한 한계마을뿐 아니라 중간지역·도시근교를 포함해 지방에는 사용하지 않고 방치된 폐시설이 여기저기 흩어져 있다. 주인이 다른 곳에 살고 있다는 등의 이유로 빈집이 된 민가나 폐점한 점포도 많다. 이런 시설은 지역주민에게는 '누가 불을 지르지 않을까' '모르는 사람이 들어가 있지는 않을까' 하는 불안 요소가 되고 있다고 한다.

총무성이 시행한 〈2008년 주택·토지통계조사〉에 따르면, 2008년 10월 1일 현재 전국 총주택수 5759만 호 가운데 빈집은 756만 호로 5년간 2003년보다 97만 호(14.6%)나 증가했다. 빈집율(총주택수에 차지

하는 빈집 비율)은 2003년의 12.2퍼센트보다 0.9퍼센트 포인트 높은 13.1퍼센트로 역대 최고가 되고 있다. 빈집율이 가장 높은 곳은 야마나시현(20.2%)이고 그 뒤를 이어 나가노현(19.0%), 와카야마현(17.9%), 고치현(16.5%), 가가와현(16.0%) 순이다.

최근 들어 사태의 심각함을 파악한 지방자치단체에서는 폐가나 폐허가 된 시설을 재생하거나 재이용하는 데 노력을 기울이고 있다. 후쿠시마福島현 기타카타喜多方시에서는 빈집이나 빈 공간을 활용한 '정주·2지역거주 추진사업'을 시작해 시·현 외에서 이주자를 불러들이고 있다. 도야마富山현 난토南礪시 도가利賀촌이나 기후岐阜현 이비揖斐군에서는 폐교를 호텔로 재생하는 노력을 하고 있다. 고치高知현 시만토四万十시 니시토사西土佐촌에서는 그린 투어리즘의 거점이 되는

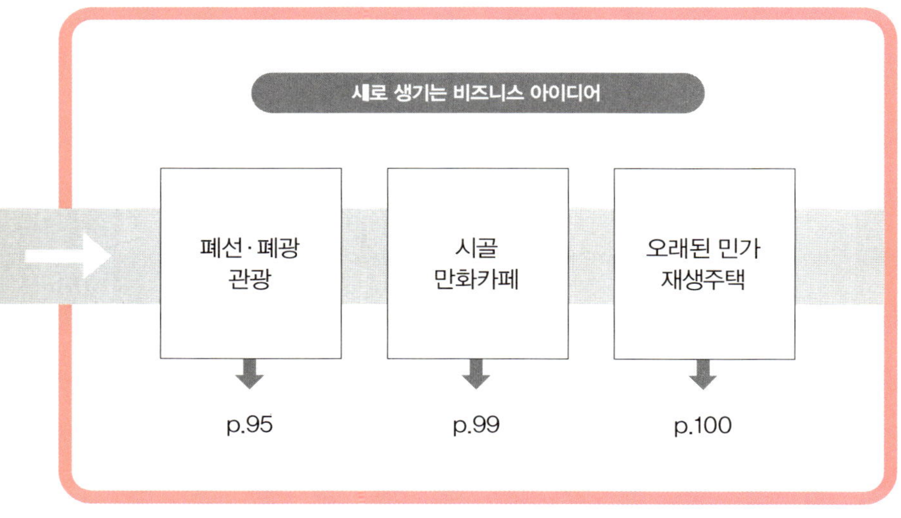

숙박시설로 이용하는 등 전국에서 다양한 사례가 보인다. 그렇지만 지자체 대부분이 폐시설의 재이용 방법 때문에 머리를 싸매고 있다.

이처럼 지역에 방치된 시설을 활용하는 새로운 커뮤니티 비즈니스를 생각해보자. 이주자 유치나 호텔, 그린 투어리즘과 같은 기존의 방법이 아닌 지역 특유의 시설을 무대로 도시의 사업을 시작하는 일이 가능하다. 가령 니가타新潟 현 에치고쓰마리越後妻有 지역에서는 '대지의 예술제 에치고쓰마리 아트 트리엔날레'라는 예술 행사를 지역 전체에서 개최해 큰 성과를 얻고 있다. 폐교 교실을 예술작품으로 장식하고 유휴시설을 갤러리로 활용해 화제를 모았다.

한편 도시인에게는 직장이나 학교 같은 일상의 인간관계에서 벗어나 자기만의 공간이나 세계를 추구하는 풍조가 강해지고 있다. 도시에서 인터넷카페나 만화카페가 난립하고 있는 상황은 누구에게도 방해받지 않고 자신만의 세계에 몰두하고자 하는 현대인의 지향을 반영한 현상이라고 말할 수 있다.

이런 경향의 옳고 그름은 차치하더라도 비일상 공간, 개별 공간에 대한 욕구를 농산어촌 지역에서 하나의 사업으로 살리는 일은 충분히 가능하다. 최근 도시인, 특히 젊은이들은 다른 데서 찾을 수 없는 독특함을 찾는 경향이 있으므로 도시와 다른 지역의 독자성을 내세운 개성 넘치는 가게를 여는 아이디어도 생각할 수 있다. 폐허가 되고 있는 시설을 이용하는 방법 때문에 골머리를 앓고 있는 지자체로서도 폐시설의 재생과 재이용은 아주 매력적인 사업으로 비치지 않을까 싶다.

<table>
<tr><td>폐선 · 폐광관광</td><td>대상
직종</td><td>이벤트 기획자, 기업 컨설턴트,
건축 · 경관 · 마을 만들기 디자이너 등</td></tr>
</table>

호텔, 카페, 아틀리에로 용도를 확장한다

일본에는 폐선이 된 철도노선 적지, 낡은 차량, 폐광과 폐갱이 곳곳에 있다. 이처럼 방치된 대상을 관광자원으로 살리자는 움직임이 최근 각지에서 활발히 이뤄지고 있다.

폐선을 활용하는 방법은 야마나시山梨현 '오오히카게大日影 터널 산책길'˙ 처럼 시민에게 친숙한 산책길이나 자전거도로를 비롯해 군마郡

오오히카게 터널 산책길 입구   산책길 내부

馬현 '우스이고개碓氷峠 철도문화마을'과 같은 박물관이나 자료관으로 재생하거나 아오모리현과 아키타현 경계에 있는 야타테고개矢立峠의 차량을 이용한 레스토랑 등 무척이나 다양하다.

폐갱 이용으로 가장 유명한 곳은 2007년 세계문화유산으로 등재된 시마네島根현 '이와미은산石見銀山'**일 것이다. 지금은 이즈모대신사出雲大社나 쓰와노津和野와 나란히 시마네현 유수의 관광지가 되었다. 이밖에도 도치키栃木현 우쓰노미야宇都宮 시에서는 오야석大谷石***

●　　　야마나시현 고슈甲州시에 있는 것으로 1903년에 개통된 주오본선中央本線의 오오히카게 터널을 재활용하여 만든 산책길.

●●　　　시마네현 오타大田시에 있는 전국戰國시대 후기에서 에도시대 전기에 걸쳐 전성기를 맞은 일본 최대의 은산. 당시 세계 은의 30퍼센트를 산출했고, 메이지기 이후에는 동 등의 광물을 주로 채광했다.

우스이고개 철도문화마을

지하 채굴장에 있는 거대 지하공간을 이용해 연극이나 콘서트, 미술전을 개최하고 있다. 마찬가지로 도치키현 아시오동광산足尾銅山에서는 광산용 전차鑛車를 활용한 갱도견학이나 동銅자료관·광산자료관 등이 인기를 끌고 있다.

이처럼 폐선이나 폐갱을 이용해 다양한 새로운 커뮤니티 비즈니스를 창출할 수가 있다. 폐선이 된 차량을 이용한 열차호텔이나 레스토랑, 카페, 가게 등을 우선 생각할 수 있다. 폐갱은 가틀리에나 라이브하우스로 활용해 도시에 있는 아티스트를 모아 새로운 음악이나 예술

●●● 경석응회암輕石凝灰岩의 일종. 우쓰노미야시 북서부 오야정 부근 일대에서 채굴되는 석재. 석질이 부드럽고 가공하기 쉬워 예로부터 외벽이나 토장土藏 등의 건축재료로 사용해왔다.

철도문화마을 홈페이지 www.usuitouge.com

의 발신기지로 만들 수 있다.

더욱이 이런 요소를 융합하여 폐선·폐광 관광산업으로 활용하는 일도 가능하다. 폐선이나 폐갱을 거점으로 지역에서 이름난 옛터를 순례하거나 자연체험을 하면서 지역주민과 깊이 교류할 수 있게 하는 것이다.

비즈니스 실현비결

폐선이나 폐갱이 되고 있는 시설은 도시의 점포나 사무실 임대료에

비하면 아주 저렴하게 이용할 수 있다. 이런 시설을 호텔이나 카페로 이용한다면 설비비, 재료비, 인건비 정도면 되고, 아틀리에나 라이브 하우스로 활용한다면 작품 전시비용이나 아티스트 출연료를 추가해 계산하면 된다. 후자의 경우 협찬사를 모집해 사업비를 충당하는 방법도 가능하다. 도시에서 숙박업이나 요식업, 이벤트 기획 등에 종사하는 사람이라면 관계망이나 노하우를 살릴 수 있다고 본다.

폐선이나 폐갱을 살려 관광이나 사업을 일으키려면 도시와 지역, 각각의 욕구를 연결하는 조율능력이나 조사능력, 욕구를 구체적인 형태로 나타내는 디자인능력, 구성력 등이 필요하다.

<table>
<tr><td>시골 만화카페</td><td>
대상
직종</td><td>음식점 경영, 서점원 등</td></tr>
</table>

지방의 개성을 담아 공간을 연출한다

만화카페 하면 '넷카페 난민'이라고 하는 말이 상징하듯이 최근 불황으로 파견노동자 계약해지를 당한 젊은이의 숙박장소로 알려져 부정적 이미지가 강할지도 모르겠다. 그렇지만 원래 만화카페는 저마다 좋아하는 만화의 세계에 몰두하고 싶어 하는 도시인의 욕구에 대응한 사업이다.

이 만화카페를 농산어촌지역에서 전개해보면 어떨까. 지역에서 사용하지 않는 옛 민가나 폐교 등을 새롭게 단장해 농산어촌판 만화카페로 개업하는 것이다. 농산어촌에는 서고로 이용할 수 있는 넓은 공간을 아주 싸게 확보할 수 있다는 장점이 있다.

만화카페뿐 아니라 옛 민가를 이용한 선술집이나 바, 레스토랑 등의 사업을 택해도 좋다.

비즈니스 실현비결

어떤 형태의 사업이든 도시와는 다르게 지방 나름의 개성이나 분위기를 끌어내는 편이 좋다. 도시에서 음식점을 경영한 경험이 있다면 좋겠지만 그렇지 않더라도 음식점 개점업무나 점포 디자인 등을 경험해본 사람이라면 그 기술이나 관련 지식을 살릴 수 있다고 본다. 지역의 젊은이를 종업원이나 아르바이트생으로 쓴다면 인건비 부담을 줄일 수 있고 지역에서도 환영을 받을 수 있다.

오래된 민가 재생주택	 대상 직종	건축 디자이너, 목수, 인테리어 전문가, 주택 건설 관련업 등

리모델링으로 거듭나는 주거공간

지방에는 새로 인 지붕이나 흙벽처럼 정취가 있는 옛 민가가 많이 남아 있다. 이러한 오래된 민가를 리모델링해 새로운 주택으로 되살리는 사업 아이디어를 생각해보자.

오래된 민가는 현대식 주택에 없는 자연적인 나무 냄새나 온기를 느낄 수가 있어서 새집증후군을 염려할 필요가 없다. 여름에는 시원하고 밖에서 들리는 자연음과 걸을 때 나는 발걸음 소리조차 배경음악이 된다. 도시에서 유행인 치유 붐, 에코 붐의 욕구에 딱 맞는 주택이라고 할 수 있다.

각 지역의 건설업자와 토목건축 설계사무소에서 오래된 민가 재생주택을 해본 사례가 많다. 업자와 차별화하기 위해서는 고객의 요구를 반영한 고유성이 넘치는 디자인과 사용하기 편리한 주택공간을 제공할 수 있는가 하는 점이 열쇠가 된다. 도시형 주택, 연립주택의 인테리어나 기능성을 그대로 살릴 수는 없지만 편리한 기능이나 설비는 어떤 형태로든 살릴 수 있다고 본다. 하루 정도 시간을 내어 모델하우스 등을 부지런히 견학해두는 것도 좋다. 다양한 형태의 주택을 보다 보면 '나라면 이렇게 하겠다'는 나름대로 독창적인 아이디어도 떠오르지 않을까.

비즈니스 실현비결

이 사업은 빈집으로 남은 오래된 민가가 있는 지역과 밀접한 연대를 쌓는 일이 핵심이다. 지역 경관과 어울리는 오래된 민가 재생주택을 만들기 위해 부지런히 지역에서 발품을 팔고 지역의 유력인사와 소통을 꾀하는 일이 중요하다.

04

지역자원을 도시의 브랜드 지향과 연결한다

예로부터 농산어촌은 사슴, 멧돼지, 원숭이 등 밭을 황폐화시키는 동물의 피해를 받아왔다. 그런데 최근 기후변화나 난벌 등으로 먹이터인 산림의 파괴가 심해지자 지금까지 인간이 사는 동네로는 잘 내려오지 않던 곰 같은 짐승이 밭을 망가뜨리거나 가축에 위해를 가하는 일이 잦아졌다. 농산어촌은 이전보다 부쩍 늘어난 '해로운 짐승'의 구제에 나서고 있는데, 또 다른 고민거리는 구제한 짐승의 처리문제다. 사슴이나 멧돼지 등을 식재료로 쓰기도 하지만 지역에서 소비하는 양에는 한계가 있어 결국은 폐기처분하고 만다.

어업에서도 마찬가지 현상이 일어나고 있다. 근래 뉴스나 신문에서

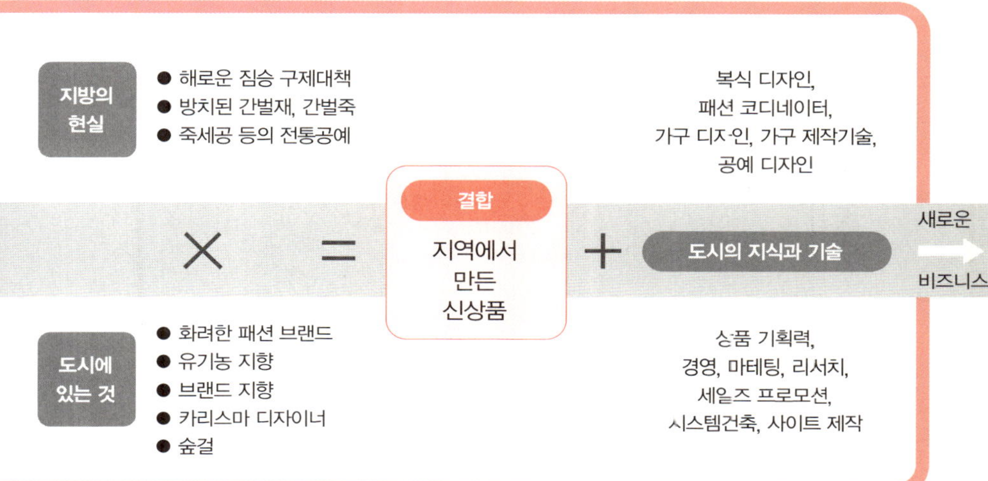

보도하여 화제가 된 '해파리'는 기억에도 새롭다. 바다를 가득 메울 정도로 증식한 탓에 구제해도 끝이 없다. 해파리는 고기잡이를 방해하고 상품에 큰 영향을 미쳐 어부들을 골치 아프게 하고 있다. 어협이나 지자체, 지역대학 등이 협력해 해파리 구제와 처리방법을 놓고 아이디어 검토와 실험을 거듭하고 있는 상태다. 이미 쿠키나 디저트로 활용하도록 가공을 시작했고 앞으로 기울일 노력도 주목을 끌고 있다.

임업의 현장에서는 수목의 성장을 촉진하고자 시행하는 간벌 때 나오는 간벌재의 효과적인 이용이 과제다. 예전엔 간벌로 나오는 나무는 공사 현장의 지지대 같은 재료 등으로 이용했지만, 알루미늄 재질로 된 지지대 등이 보급되면서 나무 지지대는 수요가 거의 없는 상태다. 최근 들어 지지대 용도보다 두꺼운 건축자재 등으로 활용할 수 있는 간벌재

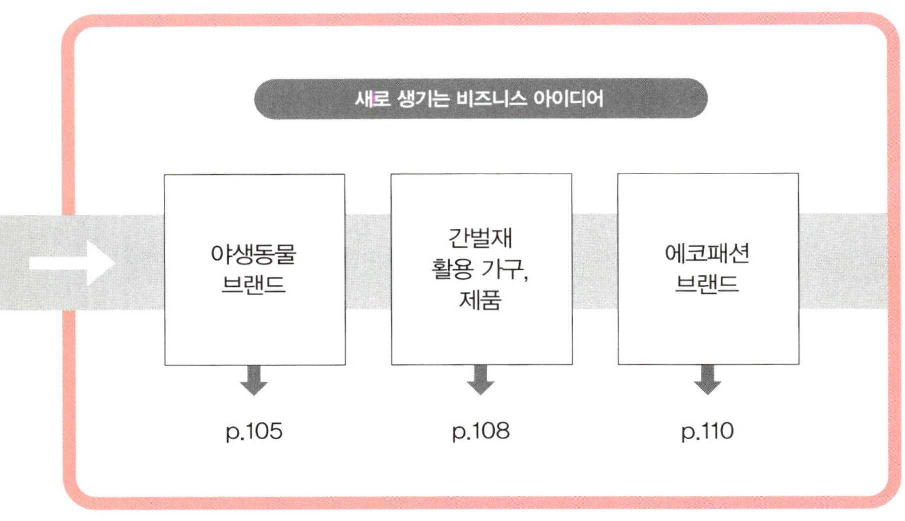

도 늘어나고 있지만 채산성이 낮아 방치되는 현실이다. 그나마 자연환경을 보전하려는 의식이 높아져 장작 스토브가 다시 등장해 연료로서 간벌재의 수요가 늘었다. 하지만 장작 난로를 설치하는 집이 한정된 탓에 확산은 제한적이다. 원예재료 등으로 간벌재를 쓰기도 하지만 가공비용을 고려하면 채산성이 맞지 않아 판매에 어려움을 겪는 업자도 많다. 그 때문에 일반인은 입수하기 어렵고 널리 이용되지도 않는 현실이다.

한편 도시에서는 불황 속에도 고급 브랜드의 인기는 여전히 높고 일정한 구매층이 있는 게 사실이다. 그 배경에는 '비싸도 브랜드를 보고 산다'는 일본인의 브랜드 지향이 있다. 또 질이 좋고 환경에도 좋으면 다소 값이 비싸다고 해도 사려고 하는 소비자가 적지 않다. 이것도 하나의 브랜드 지향이라고 해도 좋을 것이다. 여기에 로하스나 에코 붐을 반영해 농약이나 화학비료를 사용하지 않고 생산된 유기농제품에 대한 수요도 확대되고 있다.

이러한 도시의 요구에 대응해 해로운 짐승의 가죽이나 간벌재로 전원 특유의 신상품을 개발해 인터넷 등을 통해 판매하는 사업 아이디어를 생각해보자. 인터넷 통신판매를 하면 지역에 협력해주는 파트너를 가짐으로써 도시에서 커뮤니티 비즈니스를 전개하는 일도 가능하다.

야생동물 브랜드　　　　패션 코디네이터, 숍 경영,
세일즈 프로모션, 복식 디자이너 등

야생동물 가죽으로 만드는 독자적인 가죽제품

사슴이나 멧돼지처럼 농작물을 망치는 해로운 짐승을 식용만이 아니라 가죽제품으로 개발해 독자적인 브랜드(여기서는 '야생동물 브랜드'라는 이름을 붙였다)를 만드는 사업 아이디어를 생각해보자.

가죽제품 하면 소, 말, 양, 염소와 같은 가축동물을 연상하지만 실은 사슴이나 멧돼지가죽도 널리 사용되고 있다. 사슴가죽은 '디어 deer'라고 하는데 부드럽고도 탄력이 있어 질긴 게 특징이다. 코트나 재킷 외에 장갑, 지갑, 구두에 이르기까지 사슴가죽제품은 무척 다양

아이디어만 있으면 얼마든지 멋진 가죽제품을 만들 수 있다.

하다. 새끼 사슴가죽을 기름 무두질oil tanning해 마무리한 섀미 chamois*는 유리나 카메라를 닦는 용도로 사용된다. '친기알레 cinghiale'라고 하는 멧돼지가죽은 질기고 마찰에 강하면서도 가볍고 통기성通氣性이 좋아 가방이나 지갑의 재료로 많이 사용된다.

* 세무 가죽의 뜻. 무두질한 염소나 양 등의 부드러운 가죽을 총칭하는 뜻으로 쓰인다. 정확히 는 '샤무아chamois'에서 유래했다. 샤무아는 남유럽이나 서남 아시아산 영양을 가리키는데, 이것이 변해 생가죽이라 부르게 되었다. 스웨드나 벨벳 같은 부드러운 감촉이며 황색이 많지만 염색기법이 발달하면서 다양한 색상으로도 제작된다.

이처럼 사슴이나 멧돼지를 사용하는 가죽제품은 이미 하나의 사업으로 성립되어 있기 때문에 커뮤니티 비즈니스로 전개하려면 색다른 부가가치를 붙일 필요가 있다. 복식디자인의 경험을 바탕으로 나름의 고유성을 만들어내는 사례도 좋지만 젊은이에게 인기 있는 패션디자이너와 팀을 이루는 방법도 있다.

도시 사람들을 대상으로 한 제품을 제조하고 판매해서는 지역에서 공감을 얻기 어렵다. 지역주민의 의견도 받아들이견서 이들의 요구에 부합하는 제품도 개발하고 판매할 필요가 있다. 이렇게 하여 지역의 공감을 얻고 나아가서는 지역신문을 통해 외부인에게 알려짐으로써 지속가능한 사업으로 자리 잡을 수 있기 때문이다.

비즈니스 실현비결

도시의 디자이너에게 디자인을 의뢰할 경우 디자인 소유권이 어디에 있는지 사전에 확실히 해두는 편이 좋다. 야생동물 브랜드의 매상이 늘어 제품 수를 늘려야 할 때 디자이너에게 지불하는 비용을 줄여 브랜드 수익을 높일 수 있도록 사전에 충분히 생각해둘 필요가 있다.

진짜 가죽제품은 합성피혁이나 인공피혁과 비교하면 가격이 비싸다. 따라서 생산업자와 직접 계약을 맺어 유통비를 낮추는 등 독자적인 유통·판매경로를 개척·구축해 판매가격을 낮추는 것도 중요하다.

다른 업자와 차별화하고 사업을 성공시키기 위해서는 꼼꼼한 조사와 판매전략을 세우는 마케팅 능력, 뛰어난 디자인을 뽑아내는 심미안, 만들어낸 브랜드를 홍보하는 세일즈 프로모션능력 등이 요구된다.

비용 대비 효과가 높은 제품으로 승부한다

산림의 건전한 육성을 위해 불필요한 나무의 일부를 솎아내는 간벌. 이산화탄소를 흡수하는 나무의 역할을 유지하고 향상시켜 지구온난화를 방지하도록 임야청林野庁은 2007년도부터 6년간 330만 헥타르의 삼림에 간벌을 시행하는 '아름다운 산림 가꾸기' 사업에 노력을 기울이고 있다. 2007년도 실적은 약 52만 헥타르로 20~30만 헥타르 전후였던 전년도까지 실적에 비교하면 크게 늘었다. 간벌재 이용 실적도 약 54만 세제곱미터로 눈에 띄게 이용량이 늘어났다. 그렇지만 수입목재에 비해 채산성이 맞지 않아 전국적으로는 이용이 확대되지 않는 게 현실이다. 이런 상황에서 간벌재를 이용해 브랜드 가구를 제작해 판매하는 커뮤니티 비즈니스를 생각해보고자 한다.

가구사업은 생산비 비중이 높으므로 가죽제품처럼 뭔가 부가가치를 붙이지 않으면 수입목재를 이용하는 저가가구와 경쟁하기 어렵다. 그러므로 오동나무장롱桐簞筒 만들기로 이름난 장인처럼 확실한 솜씨를 갖춘 지역의 인력과 손잡거나 아니면 브랜드 가구 메이커 장인의 협력을 얻어 수입목재로 만든 가구와는 수준이 다른 비용 대비 효과가 높은 가구를 생산해야 한다. 당연히 생산비용은 높아지겠지만 '좋은 것, 오래 쓸 수 있다면 다소 비싸도 산다'고 하는 소비자에게 어필

할 수 있도록 질 높은 가구를 제공하면 좋겠다.

삼목이나 노송나무 같은 간벌재와 함께 대나무 간벌재(간벌죽)의 용도 개발도 기대할 만하다. 전국 각지에서 산림과 밭, 때로는 집에까지 대나무가 침입하는 등 피해가 확대되고 있어 대나무 벌채가 시급한 일이 되었기 때문이다. 최근에는 대나무 바구니나 대나무 가방을 비롯해 대나무를 소재로 만든 제품이 인기를 끌고 있다. 대나무 재灰는 요리재료나 탈취제 등으로 널리 사용되고, 대나무 섬유를 활용한 양복은 친환경·로하스 지향의 여성에겐 잘 팔릴 수밖에 없다. 대나무 자전거는 일반 자전거보다 상당히 고가격이지만 에코 붐의 영향 덕분에 앞으로 인기를 끌 것 같다.

비즈니스 실현비결

간벌죽을 사용한 제품을 개발하고 인터넷 등을 통해 널리 판매하는 방법도 좋다. 인터넷으로 주문을 받아 주문생산 방식으로 해도 괜찮다. 여기에 제품이 완성되는 모습을 동영상으로 찍어 보내면 어떨까. 재료를 간벌한 장소를 사진으로 찍어서 보내준다면 구매한 이는 상품에 더욱 애착을 느낄 수 있을 것이다.

할머니의 손바느질로 패션을 개척한다

최근 '에코 패션'이 주목받고 있다. 식물계 천연소재를 많이 사용하거나 쓰고 버린 천을 꿰매 붙여 만드는 패치워크patchwork 옷이 하나의 예에 해당한다. 근래 자주 듣는 '숲에 끌린 여자'나 '숲걸' 스타일은 패션만이 아니라 독서나 수예 같은 취미처럼 디지털카메라를 한손에 쥐고 산책을 즐기는 일종의 농산어촌 라이프스타일을 연상하게 한다.

이러한 도시의 유행에서 실마리를 얻어 농산어촌지역의 특징인 자연스러움을 강조한 에도패션을 생각하면 어떨까. 주제는 '할머니의 알뜰살뜰함'이다. 하나의 패션으로 받아들여진 바 있는 패치워크는 예로부터 지방에 있는 할머니들이 대대로 물림해온 솜씨다. 쓸모가 없어진 옷이나 타월, 천을 재사용해 패치워크로 색다른 천을 만들어 낸다. 또 도시의 패션 브랜드와는 다른 '지역다움', 즉 고유성을 만들어내는 것도 사업 실현의 열쇠가 된다. 여기에 지역 특유의 전통적인 천연소재나 봉제기술을 받아들이면 더욱 좋겠다.

비즈니스 실현비결

에코패션이라고만 해서는 어필하는 정도가 약하다. 도시에 있는 인기 브랜드와 손잡고 '유명 브랜드 제휴'로 판매하는 방법도 검토하자.

친환경 비즈니스의 성장

05

 로컬푸드 × 안전한 먹을거리

도시의 요구에 맞춰 지역 브랜드로 재탄생하는 지역의 먹을거리

지금 일본의 지역에서는 풍부한 세수稅收 등으로 윤택한 지자체도 있지만, 홋카이도 유바리夕張시●처럼 재정파탄을 일으킨 지자체도 있어 지역 간 격차가 확다되고 있다. 인구 유출로 과소화·고령화가 진전되어 사회적으로나 경제적으로 활력을 잃은 지역을 재생할 비장의

● 유바리시는 한때 잘나가던 탄광도시였으나 산업구조가 변하면서 1990년대 이후 재정이 급속히 나빠졌다. 이를 타개하고자 무리하게 관광사업을 벌이다 2007년 약 4800억 원이 넘는 빚을 떠안고 파산했다. 이후 유바리시는 세금과 공공요금을 올리는 대신 행정서비스를 줄이고 학교도 통폐합했다. 주민이 하나둘 고향을 등져 한때 10만 명을 넘던 인구는 10분의 1 수준으로 줄었다.

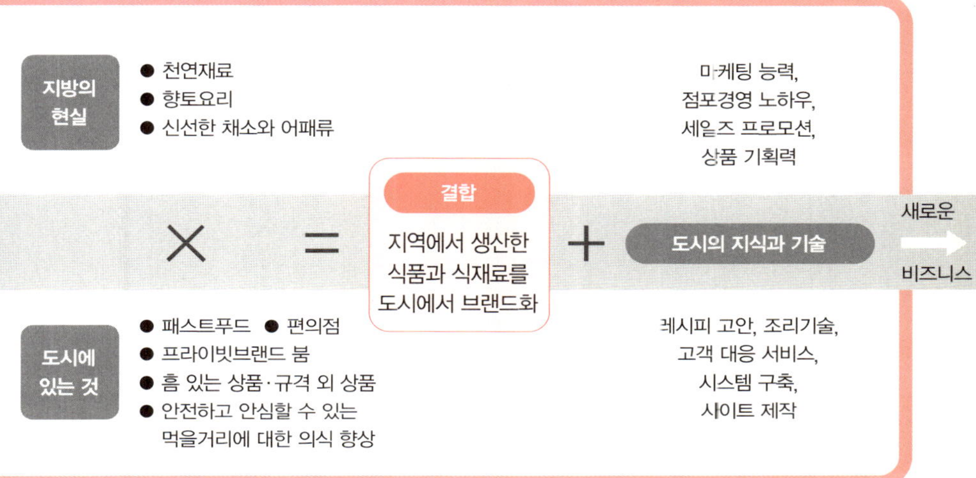

카드로 '지역 브랜드' 구축이 거론된다. 정부도 지역 브랜드를 육성하기 위한 지원에 힘을 쏟고 있다. 농림수산성은 '농림수산물·식품 지역 브랜드화 지원사업'이나 '도도부현 지역 브랜드 인증제도' 같은 지원사업을 추진하고 있다. 중소기업청에서도 지역에 있는 중소기업의 가치를 찾아내 브랜드화를 지원하는 'JAPAN BRAND'라는 프로젝트를 전개하고 있다.

오이타현 유후인이나 구마모토熊本현 구로가와黑川 같은 온천지, 가가유젠加賀友禪*, 시가라기야키信楽焼**, 하카타인형博多人形*** 등의 전통공예도 멋진 지역 브랜드에 해당한다. 그러나 지역 브랜드로 이미지화하기 쉬운 대상은 역시 지역에서 나는 채소나 어패류 같은 '먹을거리 자원'이 아닌가 싶다.

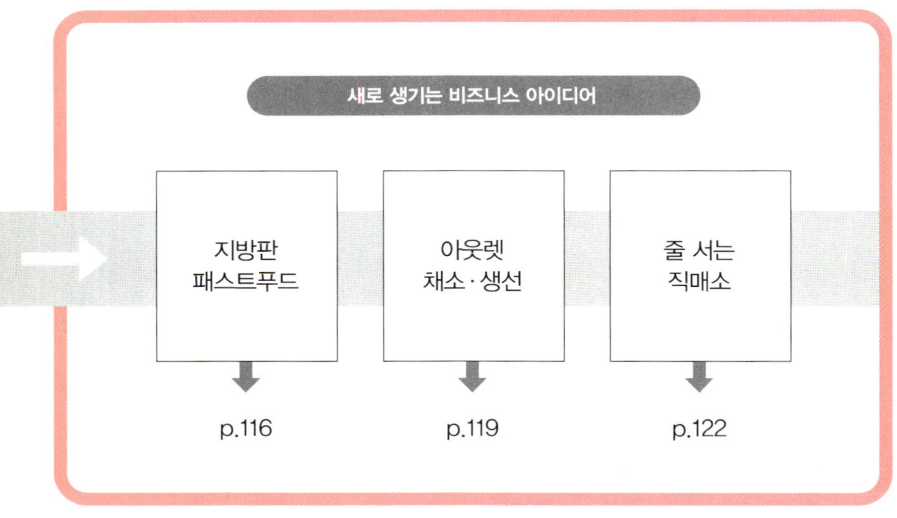

지역 브랜드 대부분은 도시에서 받아들여질 때 그 브랜드 가치가 상승한다. 도시에서는 리먼 쇼크•••• 이후의 불황으로 대개 저가격대의 의료품과 식품이 팔리고 있다. 그런데 요즘 특히 큰 인기를 끄는 상품으로 슈퍼나 백화점에서 독자적으로 만든 프라이빗브랜드Private Brand가 있다. 프라이빗브랜드는 의복에 한하지 않고 식재료, 가구, 인

• 유젠이란 풀과 본을 뜬 종이를 이용하여 천에 아름다운 모양을 내는 일본의 대표적인 염색법이다. 가가유젠은 창시자인 에도시대의 미야자키 유젠사이宮崎 友禅斎의 이름에서 유래했는데, 그가 창시한 교유젠京友禅 기법을 오늘날 이시가와현에 해당하는 가가번加賀藩에서 독자적으로 발전시킨 염색법을 일컫는 용어다.

•• 고카甲賀시 시가라기信楽정에서 구운 도자기를 말하는 것으로 다누키 도자기가 유명하다.

••• 일본 후쿠오카 하카타지역 전통 공예품의 하나로 정교한 책칠로 유명한 도자기 인형.

•••• 2008년 9월 15일 미국 투자은행 리먼브러더스 파산에서 시작된 전 세계적인 금융위기를 칭하는 말이다.

테리어 등 생활의 모든 분야로 확대되고 있다.

그중에서도 식재료 관련 프라이빗브랜드는 대부분 슈퍼가 생산농가와 직접 계약을 맺거나 직영농장을 두고 유통비를 줄여 싼 가격으로 제공할 수 있을 뿐 아니라 생산자의 얼굴을 알 수 있는 상품이 되기에 안전하고 안심할 수 있는 식품을 찾는 소비자의 요구에 들어맞아 매상이 늘어나고 있다. 최근에는 야채에 생산자의 얼굴사진, 이름, 메시지까지 넣는 사례도 있다.

쌀 값에 안심할 수 있는 식재료·식품이 인기를 끄는 한편, 세키고등어関さば* 나 오마大間 흑참치**, 마쓰사카 소松阪느*** 등 고급 브랜드 식재료의 인기도 높다. 이 같은 배경을 생각했을 때 일본 전국의 지역에 있는 다양한 먹을거리 자원을 상품화해 지역 브랜드로 파는 사업 아이디어를 생각할 수 있지 않을까. 여기서 유의해야 할 점은 '도시의 욕구에 맞춘다'는 것이다. 마케팅의 중심은 자연스레 도시가 되기 때문이다. 한 번이 아니라 고객에게 '또 사고 싶다, 방문하고 싶다'고 생각나게 하고, 결국 계속 찾게 만드는 것이 중요하다.

지역 브랜드 비즈니스를 일으키기 위해 도시인이 무엇을 갈구하고 있는지 욕구를 파악하는 마케팅 리서치, 지역자원을 매력 있는 브랜드로 만드는 상품기획력이나 디자인능력, 그것을 효과적으로 홍보할

● 　세토나이카이에서 잡혀 오이타현 오이타大分시 사가세키佐賀関에서 끌어올린 고등어로 세키전갱이와 더불어 수산품의 고급 브랜드로 알려져 있다.
●● 　혼슈 최북단인 아오모리현 오마정에서 나는 참치로 인기가 높다.
●●● 　미에三重현 마쓰사카시 일원에서 사육하는 재래종 소로 일본 3대 소 가운데 하나다.

수 있는 세일즈 프로모션 능력, 더욱이 인터넷 판매를 위한 시스템 구축이나 사이트를 제작하는 기술도 필요하다고 할 수 있다.

지방판 패스트푸드	 대상 직종	음식점 점원, 접객업, 요리사, 음식점 관계 컨설턴트 등

지역의 식재료와 향토요리로 만드는 패스트푸드

현지 특산 음식이 붐을 이루고 있다. 센다이仙台의 규탕牛タン[*], 우쓰노미아의 만두, 후지노미야富士宮의 야키소바 등등 열거하면 끝이 없을 정도다. 전국 각지게 특색 있는 현지 라면이 넘쳐나고 있다.

지역의 식재료나 특산품, 지역에서 일상적으로 먹고 있는 요리는 지역을 브랜딩할 때 흥미를 끌기 쉽다. 예를 들어 지역 특산요리를 도시인에게 일상적인 햄버거로 대표되는 패스트푸드로 만들어 팔아보자. 도시에서는 맛볼 수 없는 '지방판 패스트푸트'로 주목받을지 모른다.

전국 각지에 점포를 둔 '모스버거'는 남부南部[**]나 미야자키에서 생산한 닭을 사용한 '데리야키 남방南蛮 버거'[***], 홋카이도산 고로

[*] '탕'은 혀를 뜻하는 영거 'tongue'에서 나온 말로 야키니쿠(불고기) 등의 재료로 사용되는 소 혀 요리를 말한다.
[**] 남부는 무쓰陸奧의 호조 남부씨의 옛 영지로 현재 아오모리현 동쪽지역에서 이와테현 중부에 이르는 지역이다. 특히 모리오카盛岡를 말하는 경우도 있다.

케를 사용한 '도카치 고로케버거'처럼 지방산 식재료를 사용한 햄버거를 팔고 있다. 이와 같은 식재료는 햄버거의 재료로 이미지화하기 쉬우므로 지방판 버거를 홍보하려고 하면 지금까지 없었던 새로운 식재료나 요리를 고안하는 데 도전하기 바란다. 가령 빵 대신 오야키^{••}를 사용하거나 앞서 농가에 해를 입히는 사슴이나 멧돼지를 조리한 햄버거를 만드는 식이다. 이와 더불어 인터넷이나 책에서 지역 특산품을 조사해 숨어있는 식재료는 없는지 무엇이 패스트푸드로 최적인지, 나름대로 조사해보기 바란다.

확실히 지방판으로 제공하기로 했다면 주된 식재료만이 아니라 사이드 메뉴도 지역산으로 통일하면 좋겠다. 음식 데뉴에 신경 쓰는 것 이외에도 가령 햄버거라면 포장지로 지역에서 생산한 화지和紙^{•••••}를 사용해보는 등 상점의 콘셉트 연출에 세심한 부분까지 마음을 쓰면 좋겠다. 처음부터 이 정도까지는 무리라고 해도 지역과 네트워크를 형성하여 식재료부터 분위기에 이르기까지 철저하게 만들어보자.

비즈니스 실현비결

하나의 사업을 성립시키는 데 생산농가의 협력은 필수적이다. 지방

••• 데리야키는 생선·조개·고기 등을 미림과 간장으로 만든 소스를 발라 윤기가 나게 구워낸 요리. 남만은 4대 오랑캐의 하나로 중국대륙을 지배한 조정이 남방의 귀순하지 않는 이딘족을 얕보아 일컫는 명칭이었다. 일본에서도 처음에는 같은 의미로 사용했으나 15세기 유럽인고의 남만교역이 시작된 이래 주로 유럽이나 동남아시아의 문물을 가리키는 말이 되었다.

•••• 두부구이.

••••• 우리나라 한지와 같은 일본 고유의 종이.

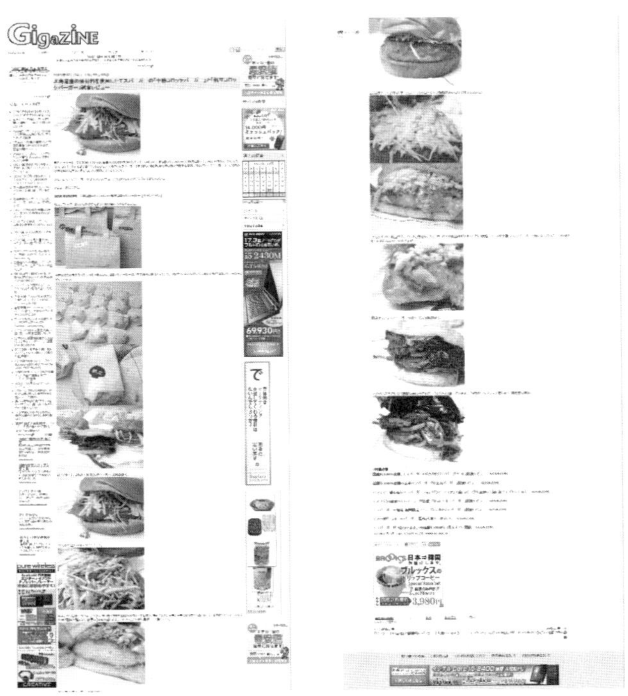

홋카이도산 고로케로 만든 고로케버거를 시식하고 평가한 기사
wwwgigazine.net/news/20090224_mos_tokachi

이나 도시 어느 쪽을 거점으로 사업을 시작한다고 해도 부지런히 지방에서 발품을 팔고, 신뢰를 쌓는 일이 중요하다. 지역과의 협력관계, 신뢰관계를 구축하기 위해서 스태프는 지역주민을 고용하는 편이 좋겠다. 생산농가나 농업·어업협동조합과도 연대해서 지역의 식재료를 싸게 얻는 것도 중요하지만 생산자 측이 통상적인 판로로 공급할 때

얻을 수 있는 이익 이상을 배려해줌으로써 윈윈관계를 구축하는 것도 잊어선 안 된다.

패스트푸드점을 열 경우 초기투자로 점포의 임대료, 재료(식재료) 비, 수송비용, 아르바이트나 파트타임 인건비 등을 고려해야 한다. 땅값이 싼 지방은 도시와 비교할 때 점포 임대료 등은 저렴한 비용으로도 가능하다.

도시처럼 근교에 체인점을 두기에는 물리적으로 무리가 따르므로 처음에는 대개 하나의 점포로 시작할 것이다. 따라서 지역의 식재료를 사용하게 되므로 수송비용은 그다지 고려하지 않아도 된다.

<table>
<tr><td>아웃렛 채소 · 생선</td><td>
대상
직종</td><td>소매업, 슈퍼 같은 유통업,
식품제조 · 판매업 등</td></tr>
</table>

인터넷으로 판매하는 흠 있는 채소와 생선

크기가 작다거나 모양이 좋지 않다거나 흠이 있다는 이유로 예전에는 내버렸던 채소나 생선 등이 이제는 '흠 있는 상품' '규격 외 상품'으로 인기를 끌고 있다. 슈퍼 안에 아예 흠 있는 채소나 규격 외 생선 코너를 만들어놓은 곳도 있어, 토마토나 상추나 시금치 같은 채소류, 참치나 전갱이 같은 어류, 새우와 게 등 다양한 규격 외 식자재를 볼 수 있다.

노벨평화상을 받은 케냐의 환경보호 활동가 왕가리 마타이Wangari Muta Maathai • 씨가 일본의 "못타이나이もったいない" •• 라는 말에 감명을 받았다고 보도된 이후 일본에서도 새롭게 '못타이나이 정신'이 높이 평가되어 '흠 있는 상품'을 주목하기 시작했다. 맛이나 품질은 정품과 다름없지만 싼 값으로 살 수 있어서 불황에 지출을 줄이려는 주부층의 호응이 커진 것도 인기 요인의 하나다.

지금은 슈퍼 등에서 정가판매를 포기한 투매품投賣品은 물론 대기업 편의점에서도 유통기한이 얼마 남지 않은 도시락을 싼 값에 판매하고 있다. 이런 제품이 점점 잘 팔리고 있는 것을 보면 보기에는 다소 나빠도 맛이나 품질에 문제가 없고 비용 대비 효과가 좋은 흠 있는 상품은 수요가 아주 많다는 사실을 알 수 있다.

생산지인 농산어촌은 이러한 흠 있는 채소나 규격 외 생선의 보고다. 농산어촌을 무대로 또는 도시에 거점을 두고 농산어촌과 네트워크를 맺음으로써 흠 있는 채소나 생선을 인터넷을 통해 판매하는 아웃렛 비즈니스를 전개할 수 있을 것 같다. 지역마다 특산종인 채소나 어류 등을 조사해보자.

• 아프리카 여성 최초로 노벨 평화상을 받은 케냐 출신 환경운동가. 물 부족과 가난 때문에 영양결핍으로 고통 받는 케냐 농촌 사람들의 비참한 현실을 보고 1977년 황폐화된 산에 나무를 심는 환경보호 단체인 '그린벨트운동greenbelt movenent'을 만들어 산림녹화에 앞장섰다. 이 운동은 1980~1990년대를 거치면서 삼림 벌채와 빈곤, 무지와 구조적인 경제적 불균형에 대항하는 성공적인 사회운동으로 성장했다. 2002년 국회의원 선거에 출마해 98퍼센트라는 득표율로 당선되었으며, 2005년 미국 시사주간지 《타임》과 경제전문지 《포브스》가 뽑은 '가장 영향력 있는 세계 인물 100인'과 '가장 영향력 있는 세계 여성 100인'에 선정되었다. 2006년 프랑스 정부는 최고 영예인 레지옹 도뇌르 훈장을 수여했다.
•• 남기거나 낭비가 되어서 아깝다는 의미.

왕가리 무타 마타이

비즈니스 실현비결

흠 있는 상품이어서 값싸게 판매하는 경우가 많지만, 유통기한이 가까워 정리하는 상품도 많으므로 신속히 소비자가 선택할 수 있도록 유통경로를 구축해두는 일도 중요하다고 본다.

최고의 서비스로 승부한다

지금은 어느 지역에서나 산지직매소를 볼 수 있다. 현지에서 생산한 채소와 생선을 비교적 싼값으로 구입할 수 있어 인기가 높다. 최근에는 규모가 확대되어 생산농가가 모여 있는 '농부시장Farmers' Market'으로 도시에서도 열리는 경우가 많다.

도시에서 쌓은 판매나 유통 노하우, 네트워크 등을 살려서 도시인이 산지직매소나 농부시장을 운영하는 것도 커뮤니티 비즈니스의 유효한 아이디어 가운데 하나다. 그런데 먼 데서 일부러 차를 타고 찾아오는 인기 있는 직매소가 있는가 하면 심심산골처럼 파리를 날리는 곳도 보인다.

성공하는 직매소를 보면 상품이 신선하고 가격도 싸면서 판매원이 손님을 맞이하고 점포를 관리하는 수준이 높고 활기가 넘치는 경우가 대부분임을 알 수 있다. 손수 판촉물POP을 제작하고, 시식품을 전시하고, 생산농가에서 맛있는 조리법을 시연해보이거나 구매의욕을 높이는 등 고객을 늘리기 위한 전략은 무한하다.

비즈니스 실현비결

도시에서 유통업이나 소매업에 종사한 적이 있다면 상품을 보는 안

목이나 손님을 맞이하는 기술은 몸에 익혔으리라고 본다. 음식점에서 판매나 조리 경험이 있는 사람이나 아이디어를 잘 내고 기획을 잘하는 사람도 도전하기 쉽다. 독자적인 회원제 웹사이트를 만들어 직매소의 최신 정보나 권장 상품을 가능한 한 빨리 알리는 식의 다양한 아이디어를 생각해보면 좋겠다.

06

(지방) 광대한 토지와 자연 × (도시) 관광산업

관광자원이 부족한 지방에 도시의 이벤트를 끌어들인다

관광은 지방으로서는 유효한 지역활성화 수단의 하나이지만 딱히 흥미를 끌 관광자원이 없다고 하는 지역도 많다. 그런데 지역주민이 알지 못하는 잠자고 있는 관광자원이 많이 있다는 사실은 이미 2단계에서 소개한 바 있다.

지방에 있는 자원을 발굴해 지역의 협력 속에서 사업을 전개할 수 있다면 주민의 동기가 고양되어 지역을 활성화하는 계기가 된다. 이를 위해 도시에서 붐을 일으키고 있는 것이나 현상, 도시를 무대로 벌어지는 이벤트 등을 거꾸로 지역으로 끌어들이는 방법도 있지 않을

까. 이런 역발상은 도시생활을 경험한 사람이기에 생각해낼 수 있다. 도시에서 유행하고 있는 뭔가를 가지고 들어옴으로써 지역의 젊은이에게 흥미를 북돋아 협력을 끌어낼 수 있을지도 모르겠다.

가령 여행과 밀접하게 연관된 숙박·관광산업을 보자. 취미나 기호가 다양해진 오늘날 단순히 호텔이나 여관, 민박에 머무는 여행에 실증이 난 사람들이 늘어나고 있다. 이런 변화가 잘 드러나는 현상이 민박 붐이다. 농촌이나 어촌에 있는 민가에 머물며 채소 수확을 돕거나 직접 잡은 고기로 바로 회를 쳐서 먹는 등의 체험을 하면서 자연과 친해지는 여행이다.

더욱이 어르신들로부터 현지 역사나 농산어촌 생활에 관한 이야기를 듣는 식으로, 최근에는 개인이나 그룹 여행은 물론, 초·중학생의

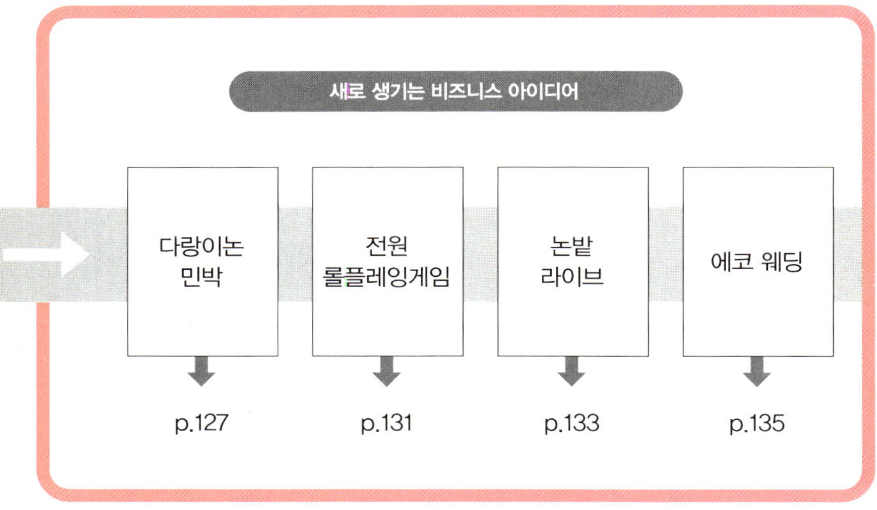

수학여행 등에서도 그린 투어리즘이나 팜스테이 형식의 체험여행을 하는 학교가 늘어나고 있다. 각자가 여행의 주인공이 되어 지금까지 몰랐던 자신의 모습을 발견할 수 있다는 것도 민박이 인기를 얻는 요인의 하나다.

또 도시에서는 대형 빌딩숲 같은 인공적인 경관에 둘러싸인 생활이나 인간관계에서 오는 스트레스에 지쳐 마음의 편안함, 평온을 추구하는 사람이 증가하고 있다. 그것이 '치유계治癒系'* 탤런트나 캐릭터, 제품 등이 인기를 모으는 '치유 붐'의 형태로 나타나고 있다. 여기에

* 힘들고 지쳐 있거나 슬프거나 마음이 좋지 않은 상태에 있는 사람들을 위로하고 달래주는 드라마나 만화 등의 장르를 의미한다.

에코 붐, 건강에 대한 관심이 겹쳐진 것이 삼림욕이라 할 수 있다. 이처럼 농산어촌에 대해 치유를 갈구하는 욕구도 있는 만큼 앞으로 농산어촌에서 자연체험형 여행인 민박 붐은 계속되리라고 본다.

과소화에 괴로워하던 지역이 민박으로 눈을 돌려 지역활성화의 기폭제로 삼고자 농가 민박을 지원하는 시정촌도 눈에 띄게 늘었다. 농림수산성은 '어린이 농산어촌 교류 프로젝트'나 그린 투어리즘 추진에 힘을 쏟고 있다.

이러한 배경을 고려해 민박을 한층 더 진전시켜 '농산어촌 투어리즘'이라고 하는 사업 아이디어를 생각해보면 좋겠다. 더구나 앞에서 설명했던 것처럼 도시에서 이뤄지고 있는 다양한 이벤트를 농산어촌을 무대로 전개하는 비즈니스의 한 방편으로 도시에서 늘어나는 화려한 연출을 피해 심플하면서도 친환경적인 결혼식을 지방에서 올리는 형태의 사업도 생각해볼 수 있다.

다랑이논 민박	대상 직종	여행대리점 근무, 호텔맨, 여행 기획자 등

전원의 풍경을 무대로 자연과 하나가 되는 숙박시설

산의 사면이나 계곡의 경사지에 있는 계단형 논, 일명 '다랑이논'은 센마이다千枚田라고도 불려 일본인의 마음을 끄는 풍경으로 팬도 많다.

다랑이논은 쌀을 생산하는 데 머물지 않고 보수保水나 토양의 침식 방지 같은 환경보전기능, 다양한 생물을 키우는 생태계 유지기능, 그리고 아름다운 자연경관을 형성하는 기능과 같이 다양한 기능을 하고 있다.

그런데 일본 전체 논의 약 10퍼센트를 차지하는 것으로 알려진 다랑이논이 지금 존폐의 위기에 놓여 있다. 정부의 감반減反 정책●과 쌀 소비의 감소, 농업 종사자의 고령화 등에 의해 40퍼센트 이상이 경작 포기지가 되고 있다(NPO법인 '다랑이논 네트워크' 홈페이지에서). 이러한 상황에서 일본 농림수산성은 다랑이논의 아름다운 자연경관을 관광자원으로 살려 다랑이논 보호로 연결하자며 전국의 다랑이논 가운데 기능면으로나 경관면에서 뛰어난 곳을 '다랑이논 백선百選'으로 선정하고 있다.

다랑이논의 재생과 보전을 도모하면서 관광자원으로 살리는 것이 다랑이논 민박이라는 사업 아이디어다. 다랑이논의 아름다운 경관을 즐기면서 숙박하는 시스템이다. 숙박객에게는 농촌마다 전통적으로 전해 내려오는 춤이나 민요 등을 보여주거나, 지역에서 생산한 식재료로 대접하거나, 다랑이논에서 보물찾기 같은 게임을 즐기도록 기획

● 　　　1960년대 경제정장과 인구증가로 쌀농사의 확대가 이루어졌으나 소비자의 식생활은 서양화되어 쌀 수확량의 증가는 곧 대량의 재고로 이어지는 문제가 발생했다. 이에 정부는 쌀 가격을 유지하기 위해 1971년부터 본격적으로 논을 묵히고 농사를 짓지 말라는 감반정책을 취해왔다. 감반정책은 명칭을 바꿔가며 현재까지 시행되고 있다.

다랑이논

하는 방식으로 지역의 특색을 살린 다양한 프로그램을 나름대로 생각해보면 좋겠다.

세계적으로 보면 세계유산으로 등록된 필리핀 루손 섬에 있는 콜디레라Cordillera의 다랑이논처럼 관광자원으로 지정되어 지역에 큰 경제적 효과를 가져다주는 사례도 있다. 일본에도 세계에 내놓아도 빠지지 않는 아름다운 다랑이논이 많이 있기에 효과적으로 활용하면 지역활성화의 유효한 재료가 될 수 있다고 본다.

   스페인어로 산맥 또는 산악지대를 의미한다.

비즈니스 실현비결

　사업을 우선시한 나머지 다랑이논의 자연과 거기서 사는 사람들의 생활을 파괴한다면 지역으로부터 외면을 당하게 된다. 커뮤니티 비즈니스의 중심은 지역이기에 도시처럼 호텔이나 민박 운영의 노하우를 그대로 가지고 들어간다고 해도 성공을 바라기 어렵다. 외부에서 자본을 투입해 개발하는 것만으로는 지역의 협력을 얻을 수 없고 지역 활성화로 연결되지 않기 때문이다.

　지방에서 하는 민박은 기존의 빈집이나 사용되지 않는 건물을 재생하는 방식으로 지역에 있는 자원을 최대한 활용하는 편이 좋다. 교토에 있는 옛 민가를 재생하고 일본 전통문화를 계승하는 일에 노력하는 '주식회사 안庵'은 오래된 건물을 그대로 살리되 설비나 장식은 현대적으로 꾸며 쾌적함을 느낄 수 있도록 숙박 서비스를 제공하고 있다. 손님 한 팀에게 한 동 전체를 제공하여 실제로 그곳에서 생활하는 것 같은 감각으로 체재할 수 있는 숙소로 인기를 얻고 있다.

　시골사람의 가식 없고 호의 넘치는 대접은 그 자체가 훌륭한 서비스다. 이런 점을 지역주민이 잘 느끼지 못하므로 우선은 이런 사실부터 알리는 일이 중요하다. 그리고 지역주민의 협력을 얻기 위해서는 신뢰를 쌓아 일상생활에 무리가 없는 범위에서 일하는 시스템이 필요하다. 이런 관계가 잘 형성되면 다랑이논 민박을 방문하는 손님에게 그 지역 나름의 문화를 지속적으로 전하는 서비스를 제공할 수도 있으니 도시의 호텔에서는 맛볼 수 없는 지방만의 매력적인 민박을 연출할 수 있을 것이다.

농산어촌을 무대로 벌이는 생생한 체험게임

드래곤 퀘스트, 파이널 판타지, 포켓몬스터 등 게임 참가자가 다양한 시련을 이겨내면서 성장해가는 롤플레잉 게임RPG은 컴퓨터 게임 중에서도 인기가 높은 장르다.

이런 롤플레잉게임의 특성을 살린 생생한 체험 이벤트를 농산어촌의 넓은 대지에서 풍요로운 자연을 무대로 해보면 어떨까. 산과 계곡이 있고 지세가 풍부한 자연 속에서 펼쳐지는 체험형 롤플레잉게임은 수수께끼나 미스터리 해결을 즐기는 젊은이들의 마음을 끌 수 있을 것이다.

도시에서는 이미 참여형 리얼 롤플레잉 이벤트가 실현되고 있다. 교토국제만화뮤지엄[●]에서 진행한 '외톨박이 용사와 4개의 문ひきこもり勇者と4つの扉'이라는 이벤트를 보자. 만화뮤지엄에 교토를 지키는 전설적인 용사가 살고 있지만 뮤지엄 구석구석에 외톨박이로 숨어 있다. 친구와 힘을 합쳐 적을 물리치는 아이템을 모으면서 관내에 강한

● 일본 국내외 만화와 관련된 귀중한 자료들을 모아놓은 일본의 만화 박물관으로 2006년 11월 25일 개관했다. 메이지 시대 잡지나 전후 시기 대본 같은 귀중한 역사자료, 현대의 인기 작품, 세계 각국의 명작을 포함하여 약 30만 점의 자료를 소장하고 있다.

문지기가 지키는 4개의 문을 돌파해 외톨박이 용사에게로 다가간다
는 내용으로 관람객의 인기를 끌었다.

　롤플레잉 게임과 유사한 '탈출게임'이라는 장르도 매우 인기가 높
다. 탈출게임이란 플레이어가 어떤 방(또는 공간)에 갇혀 있는 상태로
시작해 방 안에 숨겨진 힌트를 찾아 탈출을 도모한다는 취지의 게임
이다. 옛 민가나 폐가를 활용해 '리얼 탈출게임'을 만들어보는 건 어
떨까.

비즈니스 실현비결

　전원 롤플레잉게임은 광활한 자연처럼 지방에 있는 특유의 자원을
활용해 독특한 이야기를 살려서 만듦으로써 도시의 체험형 롤플레잉
게임에는 없는 매력을 만들어낼 수가 있다. 휴대전화가 터지지 않는
통화권 밖의 장소로 가면 비현실감이 더욱 증가할지도 모르겠다. 매
력 있는 롤플레잉게임으로 만들려면 역시 게임 자체의 내용으로 승부
해야 하므로 게임 기획이나 개발에 종사하는 사람이 적임자라고 할
수 있다. 꼭 게임 관련 업종에서 일하지 않더라도 게임이나 만화를 좋
아하는 사람으로서 게임 스토리를 짤 수가 있으면 기획을 세운 뒤에
득이 된다.

<table>
<tr><td>논밭 라이브</td><td> 대상
직종</td><td>뮤지션, 라이브 하우스 경영,
음악사무소 관계업 등</td></tr>
</table>

지방의 소리를 살려 라이브 무대를 연출한다

'후지 록 페스티벌Fuji Rock Festival'[•]이나 '서머 소닉Summer Sonic'[••] 등 일본에서 야외 록 페스티벌은 확실히 정착되어 있다. 이 정도의 대규모는 아니어도 농산어촌의 광활한 토지와 자연을 살린 야외 라이브를 커뮤니티 비즈니스 아이디어의 하나로 생각해볼 수 있다.

도시에서 라이브 하우스는 방음대책 문제로 지하에 있는 사례가 많다. 지상에 있는 경우 방음설비에 상당한 비용이 든다. 반면 지방은 음악을 멀리까지 내보낼 수 있어서 도시와 다른 개방성이 풍부한 이벤트를 할 수 있는데다 벌레소리나 개여울 소리 등도 독특한 효과음이 될 것이다.

도시의 예를 보면 2009년 5월, 도쿄도 신주쿠 구 요도바시淀橋 제3초등학교를 무대로 '폐교페스(티벌)'09'가 열려 새로운 라이브의 형태로 주목을 받았다. 이처럼 지방에서도 논밭뿐 아니라 폐교, 사용하지 않는 관공서, 폐갱, 폐선된 철도역 등 다양한 무대를 생각할 수 있다.

•   1997년부터 시작되어 매년 일본에서 열리는 대표적인 음악 페스티벌.

••   매년 8월 오사카와 도쿄에서 동시에 열리는 일본의 록 페스티벌. 서태지(2001년), 넬(2008년), FT아일랜드, 메이트, 빅뱅(2010년)이 참가한 바 있다.

후지 록 페스티벌

서머 소닉 2010 오사카

비즈니스 실현비결

조용한 생활에 익숙한 시골에서 음악 이벤트를 열어 성공하려면 역시 지역주민의 협력을 받아야 한다. 비즈니스를 시작하기 전 지역주민과 착실히 소통해나가는 과정이 필수적이다.

<table>
<tr><td>에코웨딩</td><td>**대상
직종**</td><td>웨딩 플래너, 웨딩 코디네이터 등</td></tr>
</table>

자연 속에서 시작하는 제2의 인생

1990년대 후반 '지미콘地味婚'이라는 말이 유행했다. 화려한 연출이나 지나친 예산을 쓰지 않으면서 소박하게 치르는 결혼식을 뜻하는 말로, 최근 경제 불황의 영향으로 절약하려는 마음이 있는 젊은 커플은 아주 가까운 친척이나 매우 친한 친구만을 초청해 검소한 결혼식을 올리는 경향이 있다고 한다.

이처럼 분수에 맞는 결혼의 증가와 농산어촌지역의 풍부한 자연을 결합해 제2의 인생의 출발을 연출하는 '에코웨딩'이라는 비즈니스를 생각해보았다. 이미 웨딩업계에는 인터넷으로 '신랑신부가 피로연으로 나무심기를 한다' '인공조명을 끄고 촛불을 켜고 그 안에서 내빈의 축하 말씀을 듣는다' '음식물 쓰레기를 줄이기 위해 식사는 뷔페식으로 한다'는 소박하고 친환경적인 연출을 권유하는 사례가 늘어나고 있다.

비즈니스 실현비결

에코웨딩에서는 피로연에 나오는 요리를 지역에서 기른 식재료를 쓰는 지산지소로 한다. 이렇게 하면 좋은 지방의 토지를 알리는 계기도 되고, 많은 사람에게 '추억의 땅'이 되어 다시 찾아올 가능성도 커

전통적인 일본 혼례식

녹색가정의 탄생과 확산을 모색하는 에코웨딩 ecowedding.joinsmsn.com

진다. 물론 이를 위해 지역의 매력을 제대로 알리는 연출로 결혼하는
두 사람에게 추억이 깃든 결혼식이 되지 않으면 안 된다. 문제는 기획
력과 연출능력이다.

07

 배우자를 구하는 남자 × 결혼을 준비하는 여자

농산어촌 매력남, 도시 여성을 만나다

‘농가에 신부 부족’이라고 하는 말이 나온 지 제법 오래되었다. 확실히 농가는 ‘아침부터 저녁까지 농사일에 치이는데다 가사도 돌보지 않으면 안 된다’ ‘후계자는 장남이 거의 대부분이기에 부모와 동거해야 한다’ ‘도시처럼 놀만한 곳이 없고 문화적 자극이 적다’는 등 아직 부정적인 이미지가 강해 농가로 시집가기를 선호하지 않는 여성이 적지 않다.

애초부터 농산어촌에는 결혼 적령기의 여성이 적다. 도시로 일하러 나가거나 젊은 나이에 결혼을 해버리는 여성이 많기 때문이다. 결국 농산어촌에 사는 남성은 여성을 만날 기회가 적다.

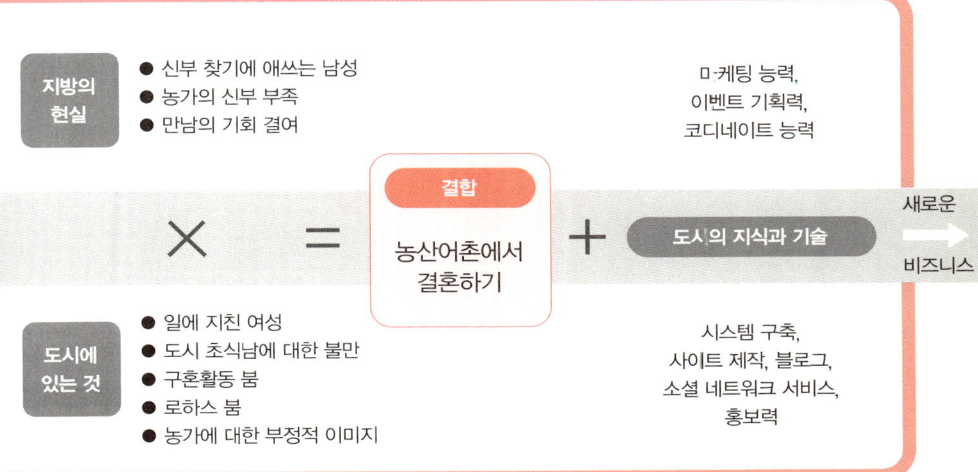

이 때문에 지방자치단체도 문제를 신중히 파악하고 농가로 신부를 맞아들이고자 다양한 결혼 소개 서비스에 발 벗고 나섰다. 예를 들어 《스물네 개의 눈동자二十四の瞳》*로 유명한 가가와현의 쇼도시마小豆島(쇼도군 도노쇼土庄 정)는 독신남녀를 위해 '오셋카이おせっかい** 시리즈'의 일환으로 파티나 캠프 같은 만남의 장을 마련하고 있다. 쇼도시마와 마찬가지로 세토나이카이에 있는 가가와현 나오시마直島에서도

* 전란의 소용돌이 속에서 열두 명의 아이와 첫 부임한 젊은 여선생의 인권과 인생이 끊임없이 유린당하고 희생을 강요받는 모습을 보여줌으로써 전쟁의 폐해가 피압박 국가에만 그치지 않는다는 사실을 드러내는 일본 장편소설. 작가 쓰보이 사카에(1899~1967)는 쇼도시마에서 열 남매 중 다섯째 딸로 태어났다. 고아 두 명과 할머니 등을 포함해서 적을 때는 열대여섯 명에서 많을 때는 스무 명에 이르는 가족 공동체의 분위기는 그의 인품과 문학에 적잖은 영향을 미쳤다.
** 쓸데없는 참견.

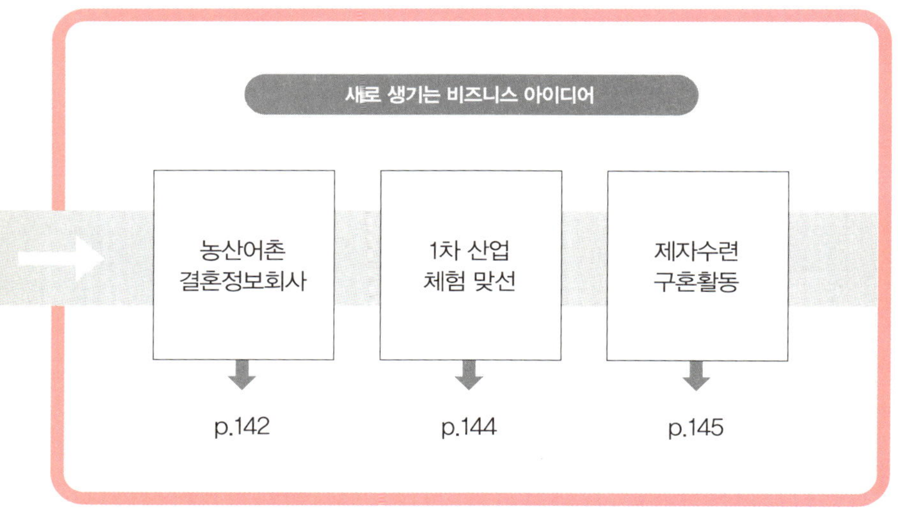

'나오시마 만남대隊'라고 하는 프로젝트를 전개하고 있다.

이렇게 지자체가 주최하는 이벤트는 민간 결혼정보회사와 비교할 때 안심하고 참가할 수 있고 참가비가 수천엔 정도로 싸다는 장점이 있다. 앞으로도 지자체가 결혼 지원활동에 힘을 쏟는다면 인지도도 높아지고 맞선 파티 등에 대한 참가자의 심리적 장벽도 낮아질 것이다.

한편 도시에서는 여성의 사회 진출이 한층 진전되어 결혼보다 일을 우선시하는 경향이 늘어나고 있다. 이런 여성들은 결혼을 바라고 있지만 경제력 문제나 뜻이 맞지 않거나 만남의 기회가 없거나 해서 농가에 있는 남자와 마찬가지으 괴로움을 안고 있다. 도시에 젊은 남성이 있지만 최근 늘어나고 있는 '초식남草食男'●에 대한 불만도 있는 듯하다. 최근 결혼 붐이 일어나 여기저기에서 결혼 비즈니스나 결혼 사이트가 번창하고 있는 상황에는 이 같은 배경이 있다.

일에 치이고 직장에서 인간관계로 말미암아 생기는 스트레스 때문에 도시를 탈출하고 싶다는 욕구가 커지고 있다. 이런 상황이 최근 로하스 붐, 에코 붐과 맞아떨어져 전원생활에 대한 관심이 높아졌다. 베란다에 화분 재배를 시작하거나 지방자치단체나 NPO단체 등이 행하는 농업체험 프로그램에 참가하는 여성도 늘어나 예전보다 전원생활이나 농사일에 종사하는 데 대한 저항감은 확실히 약해지고 있는 듯하다.

이런 상황을 고려할 때 신부 찾기에 고심하는 농가의 남자와 결혼에 분주한 도시의 여성을 연결해주는 '농산어촌 결혼정보회사' 라는 사업 아이디어가 생긴다. 이 사업은 후계자 부족, 신부 부족 같은 지방의 문제 해소로도 연결된다. 도시의 여성은 초식남에게 느낄 수는 없는 매력을 농가의 남자에게서 발견할 수 있을지도 모르겠다.

●　　일본의 칼럼니스트 후카사와 마키가 남성다움을 강하게 드러내지 않으며 초식동물처럼 온순하고 착한 남자를 명명한 용어. 잘생긴 꽃미남의 의미라기보다는 여성스러운 취미나 감수성이 풍부하여 요리, 패션, 쇼핑에 관심이 많으나 연애에는 소극적인 남성을 뜻한다.

인터넷으로 연결되는 지방과 도시의 구혼활동 이야기

신선한 채소나 쌀처럼 산지 판매가 소비자의 인기를 톡톡히 끄는 이유는 바로 인터넷 때문이다. 농산어촌과 도시의 거리를 메우고 상대의 얼굴을 확인하는 의사소통을 가능하게 했다. 이것을 구혼활동에 활용해보면 어떨까.

이미 웹을 활용한 구혼활동사업은 많이 있지만 여기서는 '농가로 시집가도 좋다'고 생각하는 도시 여성과 신붓감을 찾는 농가의 남자를 인터넷으로 연결해주는 사업을 생각해보았다. 편리한 인터넷을 활용하면 지방 남성과 도시 여성의 만남의 장을 자연스럽게 많은 사람에게 제공할 수 있다.

여성에게는 프로필과 남성에게서 구하는 조건 외에 살고 싶은 지역, 해보고 싶은 농작물 등의 조건을 들어보게 한다. 지방에 있는 남성은 낮에 일하는 모습을 사진이나 동영상 등으로 찍어서 보낸다. 부지런히 일하는 모습에서 도시의 초식남에게는 느낄 수 없었던 매력을 느끼는 여성도 제법 많을 법하다. 가족이나 주위사람들의 추천사를 붙이는 방법도 좋다. 소셜 네트워킹 서비스SNS를 활용하여 회원제 사이트로 하면 상대방의 상세한 프로필을 알 수 있어 친근감도 증가할 수 있다.

비즈니스 실현비결

웹사이트를 개설하기 위해서는 시스템 구축이나 제작 관련 IT기술도 필요하지만, 실제적 요구를 정확히 조사해 사이트를 활성화할 수 있도록 전략을 세우는 마케팅능력도 불가결하다. 매력 있는 콘텐츠를 제공하기 위한 기획력도 요구된다. 종합 온라인 비즈니스 사이트인 'Amazon.co.jp'는 회원의 구입 상품 이력에서 고객의 기호를 분석해 추천 상품정보를 메일로 송부하고 있다. 이와 같이 개인의 기호에 맞는 주문제작 서비스를 제공해 회원을 '분위기에 젖어들게 하는' 시스템을 만들 필요가 있다. 메일로 정기적으로 발송하는 매거진을 발행하는 방법도 괜찮다. 개인이 이런 일을 다 하려고 하기보다 관련 기술과 노하우를 갖춘 사람들과 파트너십을 형성하는 편이 성공할 가능성이 높지 않을까 싶다.

사이트를 만들어 사업을 궤도에 올리려면 광고주를 찾고 사이트상에 배너광고를 내거나 광고주와 제휴한 기사를 웹상이나 매거진에 게재하는 방식으로 수익을 내지 않으면 안 된다. 결혼정보회사 사이트와 연대해 회원등록을 하면 성공보수를 지불하는 어필리에이트를 이용하는 것도 웹사이트의 인지도를 높이는 방법이 될 수 있다.

인터넷상에서 수많은 결혼정보회사 사이트가 코이지만 개인정보의 유출, 과장, 위조 프로필 제공 등의 문제도 적지 않다. 이러한 문제를 피하기 위해서는 법률이나 정보윤리와 연관된 지식도 어느 정도 익히면 좋겠다.

공동작업으로 인연 만들기

농림어업에 관심이 있는 도시의 여성이 이 분야에 종사하는 남성과 공동작업을 하며 인연을 찾는 맞선투어가 늘고 있다.

예를 들어 후쿠이福井 현에서는 결혼정보회사 '익사이트Excite 연애 결혼'과 연대해 지역의 독신남성과 교류하는 '남성의 숲속학교 in 가미나카 농학사農學舍'라고 하는 이벤트를 열었다. 수도권이나 간사이에 모인 여성과 와카사若狹정 남성이 모여 메밀국수 만들기나 감자 캐기 등을 체험한다. 또한 떡치기나 바비큐 파티 등의 이벤트로 교류하면서 와카사의 남성이 멋지고 믿음직하다는 점을 느끼게 한다는 시도였다. 니가타현 사도佐渡 시에서도 2009년 10월 현과 시에 있는 이벤트 기획·운영회사 등과 협력하여 '두근두근 Heart 해피 구혼활동 체험 투어 in 사도'라는 이벤트를 열었다. 다라이배たらい舟•나 일본 북和太鼓 등 사도의 전통문화를 체험하면서 사도 섬에 사는 남성과 섬 밖에서 온 여성이 깊은 교류를 나누게 했다. 지자체만이 아니라 경작 포기지를 빌려 농원으로 활용하는 사업을 전개하고 있는 사회적기업 주식

●   복잡한 암초가 많고 파도가 거친 사도 해안의 바위틈에서 미역, 전복, 소라 등을 따는 데 사용하는 배.

회사 마이팜은 '밭에서 구혼활동'이라고 해서 농사일을 체험하면서 맞선을 보는 프로그램을 시행하고 있다.

이러한 1차 산업 체험 맞선은 인터넷의 구혼활동과 비교하면 실제로 상대와 공동작업을 하며 사람됨을 알 수 있어 서로의 뜻이 맞는지 알기 쉽다는 장점이 있다.

비즈니스 실현비결

도시 여성의 관심을 끌어 참가자를 모으기 위해서는 다른 결혼정보회사의 기획과 어떻게 차별화할 수 있는가가 핵심이다. 도시에서 호평을 받은 이벤트 기획을 농산어촌판으로 약간 응용할 일이 아니라 지역 고유의 전통행사나 문화를 활용하여 지역 나름의 독특함을 강조하면 재미있을 것이다.

제자수련 구혼활동	대상 직종	인재파견업 등

전통기술을 배우면서 배우자 찾기

일본 각지에는 남부철기南部鐵器(이와테현), 마시코 도자기(마시코야키益子燒, 도치키현), 가가유젠(이시카와현), 비젠 도자기(비젠야키備前燒, 오카야마현) 등 전국적으로 알려진 것부터 하카타 가위(하카타바사미博

多鋏, 후쿠오카현), 가와지리 붓(가와지리후데川尻筆, 히로시마현) 등과 같이 아는 사람만 아는 것에 이르기까지 다양한 전통공예가 있다. 그런데 전통공예 현장 대부분이 후계자 부족으로 난항을 겪고 있다.

이런 상황에서 전통공예 공방에 제자로 들어가 기술을 배우면서 지역주민과 교류하며 배우자를 찾는 '제자수련 구혼활동'이라는 사업을 생각할 수 있다. 좋은 상대를 만나고 기술도 습득할 수 있게 되면 지역에 정주해 전통공예를 계승해가는 것이다. 꼭 전통공예에 한정하지 않고 몇 대째 대물림된 전통 있는 여관老舗旅館에서 종업원 수업을 받는 일은 여성에게도 맞는데다 장래에 여관을 경영하는 여주인장이 되는 것도 고려할 만하다. 이 사업의 경우 지방 남성×도시 여성, 지방 여성×도시 남성처럼 양쪽의 조합이 가능하다.

비즈니스 실현비결

제자를 구하는 공방을 찾는 일이 우선이다. 현장에서 요구하는 인재의 자질(호기심, 끈기 등)이나 소양(손재주, 예리한 감성 등)을 조사하고 철저히 파악하는 일이 중요하다. 단순히 공방을 소개하거나 알선하는 데서 그치지 않고 생활할 기반이 될 주택을 확보하고 제공하여 지역과 원활히 소통할 수 있도록 하는 세심한 주의가 필요하다.

제자 수련 구혼활동 사업의 모델로 문화학교는 참고할 만하다. 참가 희망자로부터 어느 정도의 수강(연수)료를 받을지, 실습 장소에 어느 정도의 금액을 지불할지 등을 꼼꼼히 조사할 필요가 있다.

지금까지 소개한 내용 이외에도 지방에 있는(없는) 것과 도시에 있는(없는) 것을 조합해서 생겨나는 비즈니스 아이디어는 아직도 많다. 그것들을 정리해 소개한다.

지방에 있는 것 · 지방의 사정

자연, 온천, 옛날 놀이, 수레, 지혜, 지역의 맛, 흙, 관광자원, 여행객, 가재, 상쾌한 공기, 숨바꼭질, 그리움, 참견, 산나물, 산에서 나는 것, 연금생활, 산림, 목재, 집, 빈집, 벌레, 맑은 시냇물, 산, 버섯, 반딧불이, 생채기, 진흙놀이, 강 놀이, 어름덩굴●, 논밭, 문화, 명산名産, 꽃, 풀, 전설, 모기장, 향토요리, 돌, 메아리, 소리, 나무 오르기, 축제, 차, 낚시, 유대, 여유, 메밀국수 밀기, 전통음식, 직물, 벌꿀, 조용함, 소수少數 교육, 넓은 토지, 아름다운 밤하늘, 정情, 짐승, 위기감, 식재료, 지역의 역사, 술, 막걸리, 물, 자극에 대한 욕구, 옛이야기, 원풍경, 돌아갈 장소, 시간, 새로 인 지붕, 닫힌 편의점, 대형 쇼핑몰, 꽃밭, 방언, 전통공예, 시골처녀, 자전거용 헬멧, 대지주, 거친 아이들, 어부, 해녀, 장수풍뎅이, 집 없는 개(고양이), 숲속 모기, 살모사, 일본식 요리복을 입은 할아버지, 밀짚모자, 고무장화, 소, 새나 벌레 울음소리, 바다, 눈, 아름다운 풍경, 넓은 하늘, 칠흑 같은 밤, 적란운, 논두렁길, 들풀, 나락, 계단밭, 연밭, 개여울, 숲, 달빛, 퇴비냄새, 잡초, 둑, 호수, 빈터, 뒷산, 지평선, 큰 집, 에어컨이 없는 집, 곳간, 방공호, 막과자집, 무인역, 재래식 변소, 우물, 폐교, 이로

● 개울가에서 흔히 볼 수 있는 여러해살이 덩굴식물. 소변을 잘 나오게 하는 약재로 쓴다.

리[●], 다다미, 녹슨 자판기, 오래된 간판, 단선單線, 채소 직매소, 우사,

민박집, 캠프장, 트랙터, 콤바인, 긴 직선도로, 헛간, 지역 도로 휴게소,

토관土管, 만물상, 골프장, 무인 정미소, 지방 텔레비전, 시장, 지방 술,

행상인, 이웃 사귀기, 지자체 사무소와의 유대, 과소화 대책, 받은 물건

나눠주기, 집 이름屋號, 인정仁情, 조상대대의 묘, 하루에 한 번 오는 버

스, 수확한 농산물, 특산품, 민화民話, 방금 딴 야채나 과일, 고령자의 증

가, 철도망의 폐선, 부족한 재취업처, 일손 부족

도시에 있는 것 · 도시의 사전

회사, 비둘기, 음식점, 경마, 파친코, 소공원, 무선랜, 길거리 예술가, 정

년퇴직자, 젊은이, 입시, 카페, 역내 상점, 소음, 가로등, 지하철, 빌딩,

독신생활, 맞벌이, 개인실별個室系 점포, 라면집, 패스트푸드, 게임, 브랜

드, 광통신, 대기업, 외국인, 화려한 복장, 방, 아키바문화^{●●}, 매스컴,

대형서점, 편리한 교통, 정보, 혁신성, 창의성, 사람, 국회, 오염된 하천,

관료, 돔, IT 인프라, 카메라, 쥐, 음식물쓰레기, 무가지無價紙, 에코 · 로

하스 붐, 초식남, 메이드, 맥주, 만화카페, 클럽, 육식여자, 전국 붐戰國

ブム^{●●●}, 고스로리ゴスロリ^{●●●●}, 독신, 부자, 건강 지향, 마니아 단골

●　　　일본 전통가옥에서 바닥을 사각으로 파내고 숯불 등을 넣어 두는 화로 같은 장소. 난방이나 조
리 목적으로 이용한다.
●●　　　도쿄 아키하라의 젊은이 문화.
●●●　　　일본 전국시대를 배경으로 한 다하드라마나 소프트게임의 영향으로 역사나 전쟁에 대한
관심이 늘어 여성이 유적지나 박물관을 찾는 사례가 늘어난 현상.
●●●●　　　고딕Gothic과 로리타Lolita 요소를 결합한 일본의 패션 스타일로 중세시대 분위기를 느낄
수 있는 검은색이나 붉은색 계통의 드레스가 주를 이룬다.

점, 고층 건축, 스포츠클럽, 경력, 사업 기회, 빨리 걷기, 메가뱅크, 유명
대학, 외자기업外資企業, 스트레스, 홈리스, 경비회사, 유명인, 고급 가게,
24시간 영업, 통신, 헝그리 정신, 오락, 낙서, 디스코 정보, 편모가정, 역
빌딩, 젊은이의 창업열, 부족한 재취업처, 경력 향상, 키자니아KidZania,
아이폰iPhone, 체인점, 백화점, 본사, 보행로, 그림 그리기, 꿈을 품은 젊
은이, 애완동물, 사투리에 대한 동경, 프리터, 퀵서비스, 광고, 지방 출신
자, 학원에서 돌아오는 아이들, 셀레브セレブ•, 뉴하프ニューハーフ••,
소형 실내견, 스키, 젊은 여성, OL•••, 비싼 채소, 별이 보이지 않음,
오염된 공기, 유료 공원, 고급 지향, 빨리빨리 문화, 치유에 대한 욕구,
30대 이상의 독신여성, 경쟁의식, 효율주의, 개인주의, 고가다리, 잠들
지 않는 거리, 10대 미혼모, 행렬, 인파, 신상품, 서브 컬처Sub Culture••
••, 극장, 미술관, 교통체증, 캐치 세일즈•••••, 만원전차, 옥외 광고
비전, 미용실, 미용살롱, 벼룩시장, 쇼와 붐••••••, 자연회귀, 택배,
새내기 연수, 일왕 거주지皇居 주변을 달리는 사람

• 　　　영어 'Celebrity'의 약어로 원래는 명사나 저명인을 의미하지만 미국에서는 영화 스타나
스포츠 스타 등을 지칭하기도 한다.
•• 　　　일본식 영어 'New+Half'의 합성어로 영어로는 트랜스젠더라고 할 수 있다. 남성으로 태
어난 사람이 인위적으로 여성으로 살아가거나 그러한 풍모로 일어나 생활을 하는 사람을 지칭한다.
••• 　　　'Office Lady'의 줄인 말로 '여성 회사원이나 사무원'을 의미하는 일본식 영어.
•••• 　　　사회의 일부 특정인들만의 독특한 문화를 말한다.
••••• 　　　노상이나 가두 등에 불러 세워 설문 조사, 사은품 제공 다위를 빙자하여 소비자의 관심과
흥미를 불러일으켜 상품을 파는 영업방식.
•••••• 　　　쇼와昭和는 히로히토裕仁 일왕 시대(1926~1989)의 연호. 제2차 세계대전이 끝나고 1950년
에 일어난 한국전쟁 특수로 경제성장을 이룩한 일본은 1965년 11월부터 1970년 7월까지 5년 8개월간 초
호황을 맞는다. 이때 일본은 11.5퍼센트라는 기록적인 성장을 구가하여 세계를 놀라게 했다.

149

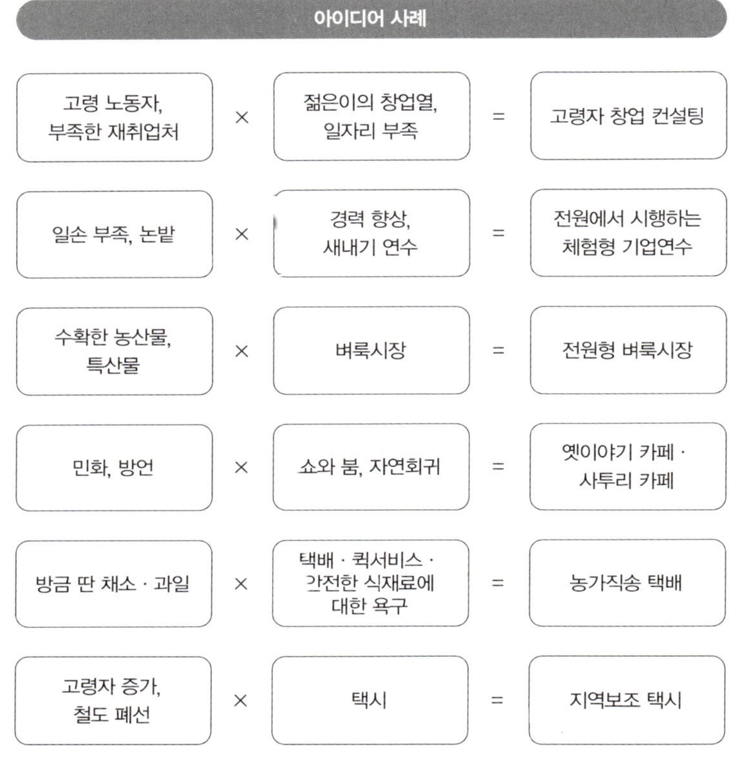

실례로 배우는 커뮤니티 비즈니스 ▶ 교토부 교탄고시

교토부 북쪽에 있는 교탄고京丹後시. 교탄고시 동부 교탄반도 끝에 주위가 산으로 둘러싸인 오미야大宮정이 있다. 인구는 약 1만 명. '일본에서 가장 작은 백화점'이 있는 쓰네요시常吉는 인구 500명, 150세대에 불과한 작은 마을로 주민의 3분의 1이 65세 이상의 고령자가 차지하고 있다.

근처에 슈퍼가 없고 자동차로 이동이 곤란한 고령자에게 쇼핑은 사활의 문제였다. 이 지역에 하나 남은 상점이었던 농협 직판소도 농협 합병을 계기로 폐쇄될 예정이었다. 이런 상황에서 1997년 이 지역의 유지가 스스로 출자해 시설을 인수받아 문을 연 곳이 '쓰네요시 촌영村營백화점'이다. 백화점이라고 해도 도시에 있는 대형 슈퍼보다도 훨씬 작은 목조 점포다. 그런데 이 촌영백화점이 지금 일본에서 가장 작은 백화점으로 주목받아 매스컴에도 다뤄지게 되었다.

이 백화점은 생활필수품 판매 외에 마을 어르신(80~85세가 중심)이 만든 농산물과 공예품도 받아서 판매한다. 원래 가족이 먹을 용도로 생산한 채소와 과일이지만 이에 상응하는 매상을 올려주어 삶의 보람이 생겼다. 백화점 자체가 마을에서 교류의 장이 되고, 날씨가 좋지 않을 때에는 고령의 손님을 댁으로 모셔드리거나 백화점으로 오지 못하는 어르신에게는 자원봉사자가 배달을 해주기도 하는 등, 주민끼리 서로 돕는 일도 자연스럽게 하고 있다. 이 때문에 백화점은 단순히 지역에 밀착된 상점으로서만이 아니라 고령자를 활기차게 하는 복지 관점에서도 주목받고 있다.

젊은이가 적은 이 마을에서는 백화점 운영을 위해 상품 반입과 자동차 운전을 할 필수적인 인재가 부족하다는 게 고민거리였다. 도시에서 사람을 불러들이려고 해도 농업·농촌체험 프로그램의 이용실적이 거의 없고 외부로 정보를 제공할 노하우도 없었다.

이러한 때에 2009년 9월 아미타지속가능경제연구소로부터 '전원에

쓰네요시 촌영백화점

서 일하는 부대' 사업으로 파견된 연수생 H씨가 들어왔다. 도쿄에서 포털 사이트 운영 책임자였던 H씨는 IT경력을 유감없이 발휘함과 동시에 본래부터 갖고 있던 호기심과 도전정신도 발휘했다. 쓰네요시 촌영백화점 홈페이지 개설을 비롯해 도시와 교류사업 기획·홍보, 지역활동 홍보, 마을 어르신이 만든 특산품 판로 확대 같은 일에 적극적으로 노력해 쓰네기치 지역을 널리 알리는 데 크게 공헌했다.

H씨는 지역주민과 신뢰관계를 구축하기 위해 교토 내의 각 지역단체가 명산품을 가지고 오는 지역문화제나 펌프킨 페스티벌(거대한 호박 수확체험)이라고 하는 지역 이벤트에도 적극적으로 참가했다고 한다. H씨가 와서 마을의 분위기가 확 바뀌었다고 지역주민이 말할 정도다.

H씨가 쓰네요시 지역에 들어와 어르신들이 건강하게 일하고 있는 모습이 인상적이었다고 한다. 쓰네요시에서 60대는 팔팔한 현역 세대

이고 80대 어르신도 밭에서 활기차게 일하고 있다. '자신들이 기른 채소나 자신들이 만든 공예품이 촌영 백화점에서 팔린다는 사실에 보람을 느끼고 의욕이 넘치는구나. 촌영백화점이 시골마을 전체를 품고 가는 형태로 전개되는 데서 어르신들의 동기부여가 높았던 것 아닐까'라고 H씨는 말한다. 마을주민이 500명 정도라는 규모도 좋았다고 한다. 그 이하에서는 비즈니스가 성립하기 어렵고, 그 이상이라면 주민이 공통의식을 갖기가 어려운 일이 아닐까 하고 말한다.

H씨는 쓰네요시 지역주민 사이에 교류가 깊어지도록 주민 스스로 하루하루 일어난 일을 인터넷에 올리는 '쓰네기치 모든 이의 블로그'를 개설했다. 마을주민이 카메라가 부착된 휴대전화로 촬영한 사진에 간단히 내용을 달았다. 쓰네요시에는 컴퓨터를 다룰 수 있는 사람은 거의 없었지만 주민 대부분이 휴대전화를 가지고 있었다. 바로 여기서 H씨는 휴대전화로 찍은 사진과 말하고 싶은 내용을 블로그로 올리는 방법을 제안했다. 지금은 10명 정도가 블로그에 참여하고 있다. 블로그를 개설하면서 어디까지나 마을사람들이 주역이 되도록 H씨 자신은 지원하는 역할에만 충실했다. 앞으로 자신이 이 마을을 떠나게 되더라도 마을사람들이 블로그를 계속하기를 바라는 마음에서다.

지금은 같은 교탄고시 오미야정에서 대대로 내려온 간장공장이 요리정보 등의 소식을 전하는 〈저기 말이죠 2〉, 교탄고의 자연과 희귀한 식물 등을 소개하는 〈교탄고 자연당自然堂〉 등의 블로그를 링크하게 되었지만, 지역의 연락회의에서 강연할 때만 해도 다른 마을사람들로부터 "네 멋대로 하지 마"라는 불만이 터져 나왔다고 한다.

　"시골에서는 컴퓨터가 친숙하지 않기 때문에 외지인이 인터넷을 이용해 자기 멋대로 하고 있다는 저항감이 있었던 모양입니다. 쓰네기치 지역주민은 이해하더라도 뭔가 새로운 일을 시작하기 위해 지역 전체의 동의를 얻기가 그리 쉽지 만은 않다는 사실을 통감했습니다. 지역뿐 아니라 이웃을 포함해 사전에 확실히 의식을 공유하는 과정이 중요하다고 느꼈어요."

　시행착오는 있었지만 블로그가 순조롭게 운영되어 쓰네요시 지역에 녹아든 느낌이 든 H씨. 그는 자신의 체험을 바탕으로 커뮤니티 비즈니스를 실현하는 데 필요한 핵심을 다음과 같이 말해주었다.

　"우선 지역주민을 끌어안는 비즈니스여야 한다는 게 무엇보다 중요하다고 생각합니다. 그리고 일회성 비즈니스여서는 안 됩니다. 일시적인 성공으로 지역에 그 나름의 이익을 안겨준다고 해도 지속가능한 일이 아니면 지역주민의 공감을 얻을 수는 없습니다. 도시의 상식을 버리는 일도 필요합니다. 컴퓨터나 인터넷이 도시에서는 필수적인 도구이지만, 쓰네요시 지역과 같은 산간마을에서는 공동체성을 유지하는 데 편리하기 해도 반드시 필요하다고 할 수는 없습니다. 오히려 끈끈한 인간관계를 구축하는 일이 더 중요합니다. 따라서 술자리나 축제 등에 적극적으로 참가할 일입니다. 시간의 흐름도 지방과 도시는 전혀 다릅니다. 반년, 1년 단위로 생각하지 않으면 지역에서는 제대로 일이 되지 않습니다. 지역에 뿌리를 내리고 허리를 낮춰 비즈니스에 노력하는 자세를 갖는 게 중요하다고 생각합니다."

　'전원에서 일하는 부대' 연수가 끝나더라도 쓰네요시에 머물며 마을의 발전에 공헌하고 싶다고 말하는 H씨. 처음엔 지역의 매력을 발견하고 그것을 밖으로 알림으로써 비즈니스 모델을 만드는 일이 지역을 활기차게 하는 것으로 연결된다고 생각했지만, 지금은 조금 생각이 바뀌었다고 말한다.

"연수과정에서 경제성을 우선시하는 도시의 원리를 그대로 지방으로 끌고 들어가는 게 좋은지 의문을 느끼게 됐습니다. 촌영백화점의 경우 경제성만이 아니라 지역 복지적인 역할도 하고 있습니다. 작기 때문에 밀접한 공동체, 생활자 전원에 의한 상호부조의 세계가 유지되고 있는 것이죠. 무리하게 젊은이를 불러들이지 않더라도 어르신들만으로 상호부조하며 살아가는 지역사회가 있어도 좋지 않을까 하고 생각하게 되었답니다."

이 마을은 고령자에 의한 상호부조 시스템이 잘되고 있기에 하는 말인지도 모르겠다. 대부분의 마을이 젊은이를 불러들이려고 시행착오를 겪고 있으니 촌영백화점 같은 시스템을 잘 구축하면 고령자만으로도 지역을 활기차게 할 수 있다는 모델이 되는 것은 아닐까. 지역의 인재를 살려 비즈니스를 일으킬 수도 있겠다는 실마리도 얻게 될 것 같다.

아이디어를 현실화한다

커뮤니티 비즈니스 실현을 위한 5가지 요점

요점1 지역의 정보를 모은다

3단계에서 지방과 도시의 결합을 통해 생겨나는 새로운 비즈니스를 생각해보았다. 여기서는 커뮤니티 비즈니스를 실현하는 데 필요한 요점에 관해 기술하고자 한다.

지방에서 비즈니스를 시작하기 위해 먼저 노력해야 할 부분이 '지역의 정보를 수집'하는 일이다. 지방에 한정하지 않고 도시의 비즈니스 현장에서도 고객이나 거래처 정보를 조사하는 일은 비즈니스의 기본이다. 이미 어떤 계획을 세워둔 사람이라면 자신의 비즈니스를 일으키기에 최적인 지역을 발견하고 관련 정보를 모아간다. 특별한 계획이 없는 사람은 사업계획을 짜기 위한 정보를 수집해도 좋고, 흥미 있는 지역의 정보를 수집해 거기서부터 하고 싶은 일을 발견하는 방법을 찾아도 좋다.

최근에는 다양한 지역에서 귀농을 비롯해 지방에서 일하고 싶다고 생각하는 사람을 유치하거나 지원하는 일에 힘을 쏟는 사례가 늘어나고 있다. 우선 도도부현 상담창구를 찾아가 담당자에게 이야기를 들어보는 방법도 좋다. 지자체 대부분이 홈페이지를 개설해놓았으므로 접속해서 필요한 정보를 입수하는 방법도 있다. U턴·I턴 취업희망자나 신규 사업을 시작하고자 하는 사람을 위한 지원 정보를 올려둔 지자체도 있다. 농림수산성이나 총무성, 국토교통성 같은 국가 행정기관에서도 농산어촌 진흥이나 지역활성화에 관한 사이트를 개설하고 있다. 일본의 지역이 어떤 상태이며 무엇이 필요한가를 조감하고 파악함으로써 비즈니스의 실마리를 얻을 수 있으므로 반드시 점검해보자.

지방에서 일하기를 희망하는 사람들을 위해 팸플릿을 발행하는 지자체도 늘어나고 있다. 지역의 역사나 명소, 관광 스포츠 같은 기본적인 정보에서부터 시작해 지방에서 일하는 방법 안내, 주거를 비롯한 지방의 생활정보, 병원이나 학교 등의 시설정보, 전원생활을 대상으로 한 각종 세미나나 전시 안내, 실제로 이주한 사람의 체험담 같은 다양한 정보가 게재되어 있다. 여러 종류의 팸플릿을 발행하고 있는 지자체도 있고 DVD 같은 영상으로 전원생활의 매력을 소개하는 지자체도 있다. 예를 들어 후쿠이현은 살기 좋은 점과 매력, 일자리 정보 등을 담아 《후쿠이의 생활, 즐거움, 일자리 가이드》라는 정보 가이드북을 발행하고 있다. 농업을 시작하고자 하는 사람, 후쿠이현에서 일하고 싶어 하는 사람에 대한 지원 서비스 안내도 소개되어 있다.

이처럼 지역에 따라서 팸플릿도 특색이 있으므로 관심 있는 지역에서 발행한 자료를 입수해 비교·검토해보면 좋겠다. 지자체에 문의해 자료를 받아보는 방법 외에도 이런 자료는 관광안내나 경산품을 판매하는 도시의 안테나숍* 에 비치되어 있는 경우도 있다.

이미 지방에서 창업을 한 사람, 비즈니스를 시작한 사람 등의 홈페이지나 블로그도 참고하면 좋다. 블로그는 그 지역의 일상을 잘 설명

하고 있는 내용부터 지방에서 비즈니스를 시작하려는 사람을 대상으로 한 조언까지 다양하고 풍부하다. 사진이 올라와 있는 경우도 많아 지방에서 벌어지는 일의 상황을 파악하기 쉽다.

이러한 정보를 활용해 어느 정도 지방을 이해했다면 다음으로 실제로 관심이 있는 지역을 꼭 방문해보기 바란다. 요즘 지방에서 귀농이나 취업을 위한 세미나, 체험투어, 그린 투어리즘과 같은 프로그램을 시행하는 지자체나 NPO가 증가하고 있다. 농사일 같은 체험을 통해 지역주민으로부터 다양한 지역의 정보를 얻어 그 지역에서 비즈니스를 시작할 수 있을지, 궤도에 올릴 수 있을지 판단하는 자료로 삼기 바란다. 5단계에서 소개하는 농림수산성의 '전원에서 일하는 부대'나 총무성의 '지역진흥 협력대'와 같은 사업은 지방에 관심을 두고 비즈니스를 시작하려는 사람들이 계기로 삼기에 가장 적합한 프로그램이다.

지역마다 다른 양상을 보이는 역사와 문화, 생활습관, 풍습 등을 파악했다면 자신이 그곳에서 생활할 때의 모습을 상상해보면서 커뮤니티 비즈니스를 시작하는 장소를 압축해가는 편이 좋다.

요점2 지방의 흐름을 안다

여러분 중에 자연에 둘러싸인 농산어촌은 사람이 적으므로 번거로운 인간관계에 괴로워할 걱정이 없다고 생각하는 사람도 있지 않을까 싶다. 그런데 지역에서 완전히 독립해 자급자족하는 생활을 하는 경우를 제외하면 이러한 생각이 크게 잘못되었음을 알아야 한다. 인구가 적은 지역에서 사람들은 서로 도우며 살아가고 있기에 인간관계는 도시보다 훨씬 가깝다. 따라서 사람 사귀는 일이 어려워서는 전원생활은 불가능하다. 사람들과 어울려 살고 싶지 않다면 인간관계가 느슨한 도시 쪽이 오히려 살기 쉽다.

지방에서 생활하면서 비즈니스를 시작하는 데 최대의 장애는 '지역과의 커뮤니케이션'이다. 예를 들어 자금, 기술, 인력, 유통 등 모든 요소를 갖춘 기업이라도 지역과의 커뮤니케이션이 부족하여 실패한 사례가 있다. 지역주민의 신뢰와 협력을 얻지 못하면 일단 비즈니스는 실현하기 어렵다고 봐도 무방하다. 그러니 우선은 '지역의 흐름을 파악'하고 거기에 순응하는 것이 요점이다. 이를 위해 어떠한 방법을 택하면 좋을까.

① 지역과 '공통 언어'를 만든다

'공통 언어'란 지역주민과 말이 통하게 하는 도구다. 첫째는 '농업'이다. 전업으로 농업에 종사할 필요는 없다. 비어 있는 농지를 빌려 채소를 기르는 일을 시작해도 상관없다. '오랜만에 비가 내려 물주기를 하지 않아도 되네요'라든가 '해충 구제가 문제죠'라는 식으로 지역주민과 말을 섞으면서 커뮤니케이션은 깊어진다. 괴로운 이야기나 곤란한 일을 두고 얘기하다 보면 지역주민도 점점 흉금을 터놓고 이런 저런 조언을 해주게 된다. 자질구레한 일이 커뮤니케이션을 하는 데 중요하다. 농사를 짓지 않더라도 모심기, 씨 뿌리기, 수확 같이 품이

드는 농번기를 비롯해 태풍을 대비하는 일을 적극적으로 거들면서 지역주민에게 신뢰를 얻는 사례가 많다.

②지역 행사에 참가한다

지역 행사나 관혼상제 등의 일을 통해 이웃을 사귀는 과정은 지역사회의 풍습과 문화를 이해하는 첫걸음이다. 그중에서도 축제는 지역주민에게 있어 가장 큰 이벤트이며 그 지역이 형성되어온 '문화'이므로 적극적으로 참여하면 좋다. 이 밖에도 방재훈련에 참가하거나 직매소를 도와주는 등 다양한 방법이 있다. 지역 소방단에 들어가는 것도 좋다. 특별한 이벤트나 행사가 없더라도 지역에 자주 나아가 지역주민과 소통하는 자세를 보이기 바란다.

③ 지역의 주요 인사를 찾는다

지역에 자연스럽게 들어가기 위해서는 지역의 '주요 인사'를 찾아 신뢰관계를 형성하는 게 지름길이다. 주요 인사는 마을축제 같은 지역의 다양한 이벤트에서 중심적인 역할을 하거나 정내회町内會나 지자체 등에서 중요한 역할을 하는 경우가 많다. 한계마을은 물론 중간지역·도시근교에서도 주요 인사는 자신이 속한 지역의 발전을 위해 뭔가 하려는 사람이 많고 외부인을 받아들이는 자세도 되어 있다. 이들과 적극적으로 접촉하고 하려고 하는 비즈니스의 개요를 설명해 어떤 방법을 택하면 좋을지 누구와 연락하면 좋을지 조언을 구해보자. 이들로부터 신뢰를 받으면 믿을 만한 사람이나 기관을 소개받을 수 있어 비즈니스를 전개해나갈 길이 생긴다. 거꾸로 주요 인사에게 불신을 주면 모든 계획이 수포로 돌아갈 수도 있으므로 신중해야 한다.

④ 지역에는 독자적인 예법과 형식이 있다

도시의 비즈니스 방법이 지방에서는 적용되지 않는다는 사실을 알아두기 바란다. 도시에서는 전화나 메일로 쉽게 가능한 연락도 시골에서는 통하지 않는 일이 많다. 우선 PC나 휴대전화를 자유롭게 다루는 사람이 적기 때문이다. 그러니 직접 만나 소통하지 않으면 일이 제대로 되지 않는 경우가 대부분이다. 특별한 용무가 없더라도 사람들을 직접 만나 정보를 교환하는 문화가 뿌리 깊이 남아 있기 때문에 될수 있으면 현장에 나가보는 편이 좋다. 지역 모임 등에 나오라는 요청을 받으면 비즈니스의 절반은 성공한 것이다.

⑤ 커뮤니티 비즈니스는 장기적으로 보고 생각한다

도시와 비교하면 지방은 생활하는 시간대도 다르다. 농업 종사자 대부분이 도시인보다 일찍 일어나서 일찍 잠자리에 든다. 그러니 농사일에 나서는 시간대나 밤에는 연락되지 않는다고 보면 무난하다. 전화도 먼저 거는 게 예의라는 규정은 없다. 미리 팩스 등으로 용무를 전해두고 빈 시간대에 연락하는 편이 상대도 부담을 덜 느낀다.

이처럼 지방은 생활하는 시간대나 사이클이 도시와 일단 다르고, 일이 돌아가는 속도도 전반적으로 도시보다 느리다. 거다가 새로운 비즈니스를 시작하려 할 때 지역의 합의를 얻지 않으면 안 된다. 단기간에 사업의 성과를 내려다 실패하는 이유는 이러한 사정을 봐도 명확하다. 지역에 믿을 단한 협력자를 만들어 사업을 궤도에 올려놓으려면 최소한 3년은 걸린다고 보는 편이 좋다. 준비기간까지 포함하면 적어도 3~5년은 걸린다. 커뮤니티 비즈니스는 장기적인 안목으로 계획해야 한다.

요점3 지방과 도시가 윈윈할 수 있는 틀을 짠다

구체적인 커뮤니티 비즈니스 계획이 있어서 다른 사람의 손을 빌리지 않고 혼자 시작하려는 사람이 있을지도 모르겠다. 그러나 아무리 참신하고 성공 가능성이 큰 비즈니스라도 지역에 뜻이 맞는 사람이 없으면 협력자를 얻을 수 없다. 2단계에서 소개한 바와 같이 지역에 공헌하는 사업이 아니라면 성공해도 '혼자만 돈 벌었다'는 반감을 사기 십상이다. 따라서 지방과 도시 양쪽에 유익한 틀을 짜지 않으면 협력자도 얻을 수 없고, 지역에 뿌리내린 비즈니스는 될 수 없음을 알아야 한다.

지방의 주요 산업인 농림어업은 공동작업이 많고 예로부터 서로 도우면서 이뤄졌다. 그 과정에서 신뢰관계나 상호부조하는 정신이 생긴 까닭에 외부인에 대한 경계심이 강한 편이다. 또한 농림어업은 기후에 큰 영향을 받는 자연을 상대하는 일이기에 새로운 일을 시도하다 실패한다면 회복하기 어렵다. 이런 배경 때문에 지방 사람들은 도시에서

선라이즈 밀감모임 www.aridamikan.jp

이주한 사람이나 새로운 비즈니스를 받아들이는 데 신중한 편이다.

지방은 기존에 하던 방식을 벗어난 갑작스러운 변화에는 심리적인 저항이 크다. 와카야마和歌山 현 아리타有田 군에서 '선라이즈 밀감모임'은 일반 시장을 통하지 않는 독자적인 유통·판매망을 개발했으나 생산농가가 처음부터 수확한 밀감 전부를 이 모임을 통해 출하한 것은 아니었다. 80퍼센트는 농협으로, 20퍼센트는 선라이즈 밀감모임으로 출하하는 단계부터 시작하여 점차 성공을 거뒀다. 이처럼 시스템이나 환경을 조금씩 바꿔나가 지역의 호응을 얻으면서 서서히 새로운 틀로 이행하는 편이 성공하기 쉽다.

또 하나, 작은 일이라 할지라도 '성공 사례'를 만들면 지역의 공감을 얻어 비즈니스가 성공으로 연결되기 쉽다. 가령 수익이 그다지 오르지 않더라도 그린 투어리즘을 시행하여 도시로부터 많은 사람이 방문한 결과 직매소의 매상이 오르거나 고령자가 활기를 되찾는 등의 성과가 나면 지역주민의 동기는 고취된다. 전례가 없는 일에 도전하는 데 신중한 자세를 보이는 지역이라도 잘 풀리면 협력하고 싶어 하는 사람은 있다. 거기서 성공 사례를 만들어내어 반대했던 사람이 협력자로 바뀌는 일도 종종 볼 수 있다.

'정보 제공'도 커뮤니티 비즈니스를 성공으로 이끄는 열쇠가 된다. 자신이 시작하고 싶다고 생각한 비즈니스를 지역주민에게 적극적으로 설명해보자. 처음에는 이상한 사람으로 치부되거나 거부당하기도 하겠지만 개의치 않고 적극적으로 다가가는 열의를 보여야 한다. 지자체에 의뢰해 홍보지에 게재하거나 인터넷을 활용하여 스스로 정보를 올리는 방법으로 하고 싶은 비즈니스를 가시화하기 바란다.

이처럼 단계를 밟아 충분한 시간을 두고 지역주민을 여러분 편으로 만드는 과정이 중요하다. 지방은 애초부터 협력이라는 '끈'으로 연결된 상호부조의 사고방식이 뿌리내리고 있다. 혼자서 하기에는 비용이나 시간, 노력이 필요한 작업을 마을주민이 하나가 되어 돕고 협력해나간다. 이 상호부조의 정신을 커뮤니티 비즈니스에서 살린다는 정신이 중요하다. 자신과 지역주민 모두가 윈윈하는 틀을 생각해보기 바란다.

요점4 커뮤니티 비즈니스의 비전을 명확히 한다

지방에서 사업을 일으켜 실현하려면 자신이 어느 지역에서 창업하고 싶은지, 지금 갖춘 기술과 노하우는 무엇인지, 그것을 제대로 살릴 수 있는 커뮤니티 비즈니스는 무엇인지, 또한 그렇게 하려면 어느 정도의 자금이 필요한지를 사전에 모의실험해야 한다.

지역을 선택할 때는 다양한 정보를 비교 · 검토해 '이거다'라고 생각되는 지역을 선택해간다. 요점 1에서 설명했듯이 전원생활 체험 프로그램에 참가하는 방법으로 지역의 분위기를 알아보고 최종적으로 사업지를 결정한다.

자신에게 있는 기술과 지식을 살릴 수 있는 비즈니스를 찾는 방법과는 반대로 우선 하고 싶은 일이 무엇인지 생각해봐도 좋다. 그 일을 시작하는 데 자신의 기술과 지식이 어떤 도움이 되는지를 생각해보는 방법이다. 자신에게 없는 기술과 노하우가 필요하다면 공부를 하거나 통신교육을 받거나 농업연수 등에 참가해서라도 부족한 부분을 습득할 방법을 찾을 필요가 있다.

지방에 한정하지 않고 도시에서 비즈니스를 시작하려면 충분한 '자금'이 필요하다. 준비과정에 필요한 비용은 물론 비즈니스가 궤도에 오르기까지 생활할 자금도 비축해두지 않으면 안 된다. 농업을 시작한다고 해도 농산물을 수확해 판매하기까지는 현금 수입을 얻을 수 없다. 그 사이에 각종 회비나 축제 지원금, 관혼상제 경조사비 등 지역과 유대를 형성하는 데 드는 비용도 필요하다. 지방에서 살며 비즈니스를 하는 데 드는 비용이 결코 "싸지만은 않다"는 사실을 인지해야 한다.

자본이 넉넉지 않다면 벤처기업이나 신상품, 새로운 서비스를 연구개발하고 사업화를 지원하는 중소기업청의 '중소기업 신사업활동 촉진법'을 비롯해 국가나 지자체의 다양한 제도를 이용해 자금을 지원받는 방법도 있다. 지방은 아무래도 도시보다 공적자금을 지원받을 기회가 많으므로 민간 금융기관보다도 저금리로 자금을 빌릴 수 있다는 장점이 있다.

어떤 일을 계획하든 다양한 각도에서 커뮤니티 비즈니스의 비전을 명확히 해두면 자기에게 부족한 점이나 앞으로 해야 할 일이 무엇인지 쉽게 파악할 수 있을 것이다.

요점5 지방과 도시를 연결하는 협력자를 찾는다

확실한 비즈니스 계획이 있고 농산어촌 대상지에 정통한 사람이면 몰라도 개인의 힘으로 밑바닥에서 커뮤니티 비즈니스를 시작하려고 하면 참으로 막막하다. 도시에서 형성한 인적 네트워크는 당연히 큰 무기가 되며, 다양한 기술과 지식을 갖춘 사람들이 팀을 이뤄 비즈니스를 시작한다면 혼자서 하는 것보다는 실현 가능성이 크다고 할 수 있다. 그러나 지역의 정보나 관계가 없으면 여전히 장벽이 높은 게 현실이다.

만일 무엇부터 시작해야 할지 모르고, 기술이나 지식도 없고, 인맥이나 지역에서 지원해줄 지인도 없는 경우라면 어떻게 해야 좋을까. 지방에서 비즈니스를 시작하고 싶다는 사람과 도시로부터 사람을 받아들이고자 하는 지역 간의 필요를 이어주는 협력자를 찾아낸다면 자연스럽게 일이 풀려나간다.

앞에서 얘기했듯이 최근에는 지방에서 일하고 싶다거나 지방으로 이주하고 싶다는 사람을 적극적으로 받아들이려고 하는 지역이 늘어나고 있다. 그러한 지역은 시정촌 정주나 귀농 등에 관해 다양한 상담에 응해준다. 우선은 행정기관에 문의하고 상담을 요청하는 편이 효과적인 진행방법의 하나라고 할 수 있다. 다만 지원 내용이나 충실도는 지자체에 따라 다르다는 사실을 숙지해야 한다. 상담할 때에는 전문 상담사를 두고 있는지, 지원하는 지금의 규모는 어떤지, 주거공간이 제공되는지, 실제로 정부의 지원을 받아 일을 시작한 뒤 후속 조처는 어떠한지와 같은 필수 정보를 얻을 수 있는지 확실히 알아두자.

I턴한 사람이 이주해 있는 지역이라면 선배가 상담 상대도 되어주고, 지역이 외부인을 받아들이는 데 익숙해져 있으므로 정착하기 쉬운 경우가 많다. 에히메愛媛현 기타喜多군 우치코內子정 이와다카미石畳 지역에서는 I턴한 사람들이 교류회를 만들어 소통하고 있다.

최근에는 국가 행정기관 외에 민간기업이나 NPO 가운데 지방과 도시의 가교역할을 담당하는 기관이 늘어나는 추세다. 이러한 기관은 기존의 딱딱한 틀에 묶여 있지 않으므로 융통성 있는 지원을 기대할 수 있다는 장점이 있다. 지방과 도시를 연결하는 이러한 조직에 관해서는 5단계에서 자세히 소개하겠다.

도시에서는 '지방에서 살고 싶다'거나 '지방에서 일하고 싶다'는 사람이 늘어나고, 지방에서는 도시로부터 사람을 받아들여 지역을 활성화하길 원하는 곳이 증가하고 있다. 하지만 도시와 지방의 사고방식에는 간극이 있다. 쌍방의 사고방식과 요구조건의 차이를 잘 결합하여 지방과 도시를 연결하는 조직의 역할이 점점 중요해질 것으로 예측할 수 있다. 따라서 지방에서 비즈니스를 시작하고 싶지만 마땅한 협력자를 찾기 어렵다는 사람은 이런 조직에 적극적으로 접촉해보길 권한다.

1 ● 다양한 방법을 활용해 지역의 정보를 모으자. 지역에 대한 이해가 깊어지면 관심이 있는 지역을 실제로 발품을 팔아 조사해보자.

2 ● 지역과 깊이 있게 소통하기 위해서 지역의 흐름을 파악하고 그것에 순응하도록 노력하자.

3 ● 지방과 도시 쌍방에 이익이 되는 윈윈하는 틀을 만들어내지 않으면 커뮤니티 비즈니스는 실현하지 못한다.

4 ● 어떤 지역에서 비즈니스를 시작할지, 자신에게 있는 지식과 기술을 살릴 수 있을지, 자금은 어떻게 조달할지를 종합적으로 모의실험해보자.

5 ● 지방에서 비즈니스를 시작하고 싶어 하는 사람과 도시에서 사람을 받아들이고자 하는 지역 사이에서 가교역할을 해주는 협력자를 찾아보자.

커뮤니티 비즈니스를 돕는다

지역과 사람을 연결하는 조직의 존재

농산어촌 진흥, 지역활성화에 힘 쏟는 행정기관

지방에서 비즈니스를 시작하고 싶지만 노하우나 자금, 인맥 등이 부족한 이들에게는 지방과 도시를 연결하는 다리가 되어줄 조직의 존재는 매우 필수적이다. 전원생활을 하고 싶거나 지방에서 일하고 싶은 사람이 우선 떠올리는 조직은 아마도 국가나 지방자치단체 같은 행정기관일지 모르겠다. 이 책에서 여러 번 소개했듯이 전원생활 붐, 귀농 붐에 발맞춰 국가와 지자체도 정주·귀농지원에 힘을 쏟고 있다.

행정기관이 이런 지원을 펼치는 이유를 살펴보면 매우 어려운 상황에 직면해 있는 지역이 늘어나고 있다는 사회적 배경이 있다. 구체적으로는 ①과소화나 고령화에 의해 마을의 유지·존립이 곤란하게 되어 경작포기가 확대되고 지역의 자연환경이 붕괴될 위기에 처한 한계마을이 늘어나고 있다, ②시정촌을 합병하고 행정 효율화를 추구함에 따라 사무소 직원이 감소해 실질적으로는 행정 서비스가 원활히 이뤄지지 않고 있다, ③경제적 합리성을 중시하는 시류에 불황이 가중되어 대중교통의 운행을 중지하거나 점포를 폐쇄함에 따라 지역주민이 불편을 겪고 있다. 이러한 암울한 상황을 타파하고 지역을 조금이라도 활성화하려는 시도로 외부로부터 수혈을 추진하는 것이다.

농림수산성은 2008년 8월, 농촌진흥국에 도시농촌교류과를 개설했다. '전원에서 일하는 부대' 사업을 비롯해 '그린 투어리즘' '어린이 농산어촌 교류 프로젝트' 등을 적극적으로 전개하고 있다. 최근에는 행정기관도 인재파견 정도에 머물지 않고 참된 의미의 농산어촌 진흥과 지역활성화로 연결되도록 인재를 발굴하려는 움직임을 보여주고 있다. '전원에서 일하는 부대'나 총무성이 추진하는 '지역진흥 협력대' 등은 그러한 시책에서 태동한 프로젝트라고 할 수 있다.

후쿠이현 기타가타 喜多方 시 같은 지자체는 그린 투어리즘 추진실을 설치했다. 농업체험을 비롯하여 다채로운 농촌교류 프로그램을 준비해 초·중학교부터 한창 일할 세대와 은퇴한 사람들에 이르기까지 폭넓은 계층의 인력을 널리 받아들이고 있다. 2003년부터는 정주, 2지역 거주 추진사업도 시작했다. 정주 희망자의 불안을 해소하고 고충상담을 위해 지역과 도시의 가교역할을 하는 '정주 상담원'를 두는 등 적극적으로 행정 서비스를 집중하고 있다.

고령자 비율이 전국 최고인 시마네현에서도 1992년에 '고향정주재단'을 설립했다. 현 내 취직을 촉진하고자 고용환경을 정비하고, U턴·I턴이나 정주 희망자 지원에 힘을 쏟고 있다.

행정기관이 나서도 어쩔 수 없는 부분이 있다

농산어촌 진흥이나 지역활성화를 위해서 도시로부터 인재를 확보하는 일에 행정기관이 적극적으로 나서고 있다. 이렇게 일본 각지에서 행정기관과 지역주민이 하나가 되어 면밀한 계획을 세워 진행한 덕분에 성공한 사례가 있다. 그렇지만 간혹 인력과 고용확보에만 신경을 쓴 나머지 그들을 어떻게 활용할 것인가 하는 이후의 계획이 구체적이지 않은 경우나, 일터는 제공하지만 이주한 사람들이 자립할 수 있도록 도울 노하우를 갖추지 못한 지역도 보인다.

자금 차입이나 지역과의 가교역할로 행정력을 이용하는 일이 잘못된 것은 아니다. 그러나 더 섬세한 지원을 필요로 하는 초보자에게는 행정지원만으로는 충분하지 않은 일도 있다. 예를 들어 도시와 지역을 연결하는 네트워크 구축 문제나 인근 주민과 원활한 관계를 형성하는 문제 등은 행정 서비스가 지원하기 어려운 요소다.

지역과 사람의 가교역할을 하는 '코디네이터'

이처럼 행정력이 지원하지 못하는 부분을 보충해 농산어촌에서 일하고 싶고 지역에 공헌하고자 하는 사람과 지역이 요구하는 인재를 적절히 연결하는 가교역할로 최근 주목을 받는 존재가 바로 '코디네이터'다.

사전은 코디네이터를 '다양한 요소를 통합하거나 조정함으로써 하나로 정리하는 담당자 또는 그러한 직업'이라고 정의하고 있다. 패션코디네이터, 컬러코디네이터, 푸드코디네이터, 장기이식을 위해 제공자와 이식자를 돕는 이식코디네이터 등, 코디네이터라고 칭하는 직업은 많다. 오늘날 아주 일반화된 단어이지만 여기서 사용하는 '코디네이터'의 의미는 도시와 지역, 농림수산업과 다른 산업을 연결하고, 현장의 매력과 잠자는 자원을 발굴함으로써 지역을 활성화하는 '농산어촌 코디네이터' '지역교류 코디네이터'를 가리킨다. 도시와 지역 사이에서 좋은 관계를 맺어주어 지속가능한 비즈니스를 키워 농산어촌을 활기차게 하는 일이 코디네이터의 궁극적인 목적이다. 도시와 지역을 연결하는 코디네이터 조직이 기업과 NPO를 중심으로 최근 잇달아 생겨나고 있다.

농산어촌에는 예로부터 코디네이터의 역할을 해온 사람들이 있었다. 그 하나가 에도시대의 '쇼야庄屋•'다. 쇼야는 마을의 경제를 관할하고 주민 한 사람 한 사람의 생활수준을 파악해 고용도 맡았다. 결국 쇼야는 마을이라는 공동체를 총괄하고 조정하는 코디네이터였던 것이다. 농산어촌 코디네이터, 지역교류 코디네이터는 현대판 쇼야로서 그 역할을 담당하는 존재로 이해하면 될 것 같다.

4단계에서 소개했듯이 지방에는 예로부터 모심기나 수확 등의 작업을 할 때에 주민이 모두 나서 서로 돕고 일치단결해 참여하는 상호부조의 정신이 숨 쉬고 있다. 이 밖에도 관혼상제 거들기, 환자의 간호, 일상생활 속에서 간단한 물품 빌려주기(간장이나 된장, 결혼식에 참여할 때 입을 옷이나 외출복 등)와 같이 마을사람들끼리 도와주거나 양보하는 일은 흔하다.

농산어촌 코디네이터나 지역교류 코디네이터는 최근 생겨나 아직 직업으로 잘 알려져 있지는 않다. 그렇지만 농림어업 종사자가 감소해 마을 공동체의 유지기능이 떨어진 지역에 활력을 불어넣기 위해

• 　　　마을의 사무를 맡아보던 사람. 지금의 촌장에 해당한다.

코디네이터의 중요성은 앞으로 점점 더 커질 것이다.

좋은 코디네이터의 세 가지 조건

앞서 2단계에서 풍부한 지역자원을 갖추고 있으면서도 농산어촌에서 지역활성화의 성공사례가 적은 세 가지 이유를 기술했다. 여기서다시 정리하면 ①많은 농산어촌에 지역경제가 자립할 만한 비즈니스모델이 없다, ②1차 산업과 연계된 지역 공동체 문화와 2차·3차 산업으로 형성된 기업문화에는 본질적인 차이가 있으며 지역주민과 외부인의 신뢰관계가 구축되기까지 시간이 걸린다, ③지역을 활성화할 노하우가 체계적으로 정리되어 있지 않고 그것을 배울 곳도 없다고 하는 점이다. 이 세 가지 과제를 해소하기 위해서 지역활성화로 연결되는 인재교류를 행할 조직이나 기관에서는 ①지역에 생업을 만드는 기술과 지혜, ②신뢰 위에 성립하는 지역 공동체 네트워크, ③지역활성화에 필요한 노하우를 가르쳐 지역의 요구에 적합한 인재를 연결하는세 가지 코디네이터 기능이 필요하다. 이러한 요구를 잘 충족시켜 지역과 도시를 연결하는 틀을 구축할 수 있다면 좋은 코디네이터 조직이라고 말할 수 있다.

코디네이터는 지역활성화의 촉매

코디네이터는 지역활성화를 추진하는 촉매와 같은 존재라고 할 수 있다. 농산어촌에 잠자는 지역자원과 그것을 살리는 아이디어가 있는 인재를 연결하기 위해서는 농산어촌의 네트워크화, 자금의 조달 등 넘어야 할 장애물이 있다. 이것을 타파하는 데는 에너지가 필요하다. 코디네이터는 원자나 분자 사이에 일어나는 화학반응 속도를 빠르게 하는 촉매처럼 장애물을 쉽게 넘을 수 있도록 '사람, 사물, 돈'의 흐름을 잘 조정하고 정리해 지역활성화를 원활히 추진하고 촉진하는 존재다.

코디네이터의 일을 단적으로 나타내는 키워드로 '연결한다' '실을 잣는다'는 것 외에 '보완, 협동, 활성화'를 들 수 있다. 다양한 아이디어와 능력이나 기술을 갖춘 도시인과 지역주민을 연결해 부족한 점을 보완하고 협동하여 일하면서 공동의 목표를 달성해내어 지역을 활성화하는 흐름을 이끌어낸다.

더구나 코디네이터는 지역활성화를 바라는 농산어촌을 네트워크로 엮어 정보를 공유하고 다양한 지역에 있는 인재를 묶어내는 역할을 맡는다. 다양한 기술과 지식을 갖춘 인재를 모아 지역에 적합한 힘을 발휘할 수 있도록 지원하는 인력의 횡적 연대를 형성하는 일은 코디네이터나 코디네이터 조직만이 할 수 있다.

코디네이터가 하는 역할은 크게 다음과 같은 5가지다.

①지역의 요구 파악. 어떤 분야에 어떤 인재가 필요한지, 어떤 지역

자원을 활성화하여 비즈니스를 살리고 싶은지 정확히 파악하지 않으면 안 된다.

②지역에서 일하고 싶어 하는 사람이 갖춘 기술과 지식을 지역의 요구에 정확히 연결한다.

③지역과 도시의 결합으로 생성된 비즈니스 아이디어가 지역활성화로 이어지도록 조언한다.

④비즈니스를 실현할 계획을 짠다.

⑤지역활성화를 위한 프로젝트가 시작되면 상황을 주시하면서 현장으로 들어가 사업이 본궤도에 오르도록 관리한다.

요구 파악, 결합, 조언, 계획, 관리라는 5가지 기능을 충실히 수행하는 일이 코디네이터의 역할이다.

코디네이터는 어떻게 지원해주나

커뮤니티 비즈니스를 위한 아이디어를 갖고 있는 사람에게 코디네이터는 실제로 어떠한 지원을 해주는 걸까. 아미타지속가능경제연구소는 다음과 같은 단계로 지원하고 있다.

우선 아이디어가 있는 사람이나 단체를 대상으로 청취해 그 아이디어가 커뮤니티 비즈니스로 적합한지를 판단한다. 판단기준은 그 비즈니스가 지역공헌으로 연결되는 여부다. 지역의 자원을 착취하거나 지역의 환경을 파괴하거나 공동체를 파탄시키는 사업은 실패가 불 보듯 뻔하고 도시와 지방 양쪽에 유익하지 않기 때문이다.

지역에 공헌하고 지역을 활성화하는 비즈니스 계획이라고 평가되면 다음에는 비즈니스로 성립하도록 아이디어를 갈고 닦아 최적의 지역을 발견해 연결한다. 하나의 사례로 지방에서 비즈니스를 일으키고 싶다고 생각하는 사람에게 지역으로 들어가는 계기가 되는 구체적인 프로그램이 있다. 지역에 필요한 인재를 보내 농림어업을 비롯한 다양한 체험을 제공하는 '전원에서 일하는 부대' 와 '지역진흥 협력대'가 그것이다.

앞으로 이 프로그램의 개요와 실적에 관해 상세히 소개하겠다.

도시의 인재와 지역을 연결하는 '전원에서 일하는 부대'

'전원에서 일하는 부대'란 농산어촌의 활성화를 목표로 '인재육성이나 도시와 농촌을 연결하는 능력을 갖춘 중개기관'(사업 주체)을 농림수산성이 지원하는 사업이다. 2009년 3월부터 시작해 '지역에 공헌하고 싶다' '지역을 활기차게 하고 싶다'그 생각하는 도시의 인재를 전국 각지의 도도부현 지역으로 파견하고 있다.

2009년 3월에는 우선 '계기 마련 코스'로 3일부터 10일까지 단기, 중기 연수를 시행하여 농산어촌에서 취업하는 계기를 제공했다.

농림수산성 도시농촌교류과가 정리한 바를 보면 69개 코디네이터

(중개) 조직을 통해 약 2500명이 사이타마, 도쿄, 가나카와, 도야마, 사가를 제외한 42개 도도부현 232개 시정촌에 연수생으로 파견되었다. 코디네이터 조직을 형태별로 보면 NPO법인 33개 단체, 기업 22개 단체, 상공회·농협 5개 단체, 공익법인 5개 단체, 대학 2개 단체, 관광협회 2개 단체로 NPC와 기업이 약 80퍼센트를 차지한다. 연수 후 44명은 귀농을, 39명은 지역의 농업단체나 NPO 등에 취업해 정주 또는 정주하기로 했다는 성과도 거뒀다.

아미타지속가능경제연구스도 간사이, 주코쿠, 시코쿠를 중심으로 14개 지역에 101명을 파견해 연 82일간에 걸쳐 체험형 연수를 시행했다. 그 내용은 농림어업 체험을 비롯해 지역자원 발굴, 활용 검토, 상품개발, 마을숲 재생활동, 자급자족체험, 산림낙농체험, 그린 투어리즘 등으로 무척 다양하다.

참가한 연수생은 남성 68명, 여성 33명이었고, 연령은 20대가 70퍼센트를 차지하고 이어서 30대가 21퍼센트, 40대가 7퍼센트, 10대·50대가 각 1퍼센트 순이었다. 직종별로 보면 시간을 내기 쉬운 학생이 46퍼센트로 전체의 절반 가까이를 차지하고 있고, 이밖에 회사원 16퍼센트, 무직자 12퍼센트, 자영업자 10퍼센트, 아르바이트·파트타임 종사자 6퍼센트, 주부·가사 도우미 2퍼센트 순이었다. 지역 비율은 간토關東가 63퍼센트로 가장 많고, 긴키近畿 28퍼센트, 홋카이도北海道·도호쿠東北 4퍼센트, 시코쿠四國·큐슈九州 3퍼센트, 추부中部·도카이東海 2퍼센트 순이었다.

연수생 한 명이 지방으로 이주를 결정했고, 음식점을 경영하는 연수생이 받아들여져 지역의 식재료로 상품개발에 노력하고 있다는 성과도 있었다. 2지구에는 시장이 연수에 참가, 행정관계자가 U턴·I턴 시책에 관해 설명하는 등 행정기관을 끌어들인 성과도 생기고 있다.

2009년 9월부터는 '시범 코스'로 6개월 이상의 장기체류형 연수를 시작하여 31개 단체가 각 지역에서 사업을 전개하고 있다.

아미타지속가능경제연구소는 3월의 '계기 마련 코스'와 마찬가지로 간사이·주시코쿠中四國를 중심으로 한 10개 지구에 11명의 연수생과 2명의 코디네이터를 파견했다. 연수생과 코디네이터는 각 지역의 활성화를 위해 노력하고 있다. 그중에 몇 가지 사례를 소개하겠다.

▼ 연수실태지역 개요(아미타지속가능경제연구소) 14개 지역·파견연수생 101명·연 82일간

연수내용	
농업(쌀 · 밀) ⑦ ⑭	2개소
농업(감귤) ② ⑬	2개소
임업 ④ ⑤ ⑪	3개소
어업 ⑫	1개소
낙농 ⑥	1개소
마을숲 재생활동 ③ ⑧ ⑩	3개소
산촌 재생활동 ⑨	1개소
어촌(외딴섬) 재생활동 ①	1개소
	계 14개소

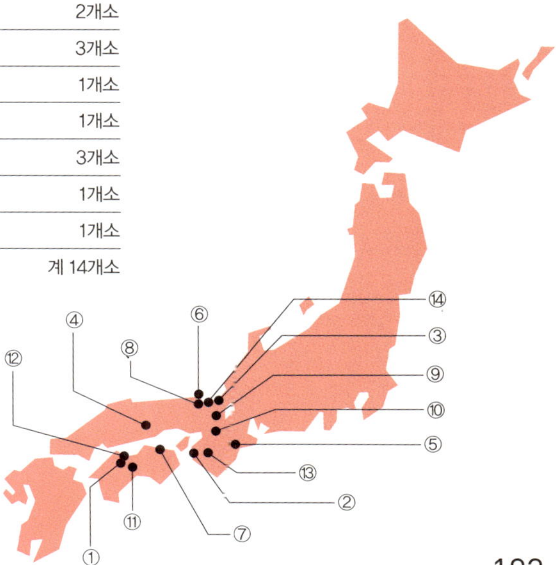

농림어업체험, 지역자원 활용검토, 마을
숲 재생활동, 자급자족체험, 산림낙농체
험, 상품개발, 그린 투어리즘

▼

코디네이터에 의한 워크숍
'지역활성화를 위해 할 수 있는 것' '지
역자원의 활용방식' '지역 홍보' 등

NPO법인 · · · · · · · · · · · · 4개 단체
임의단체 · · · · · · · · · · · · · 2개 단체
민간기업 · · · · · · · · · · · · · 4개 단체
협동조합 · · · · · · · · · · · · · 1개 단체
생산법인 등 · · · · · · · · · · · 3개 단체

지역	받아들인 단체	연수일	연수생
① 에히메愛媛현 카미지마上島정 아카호네지마赤穂根島	아카호네지마학사赤穂根學舍	5	6
② 와카야마和歌山현 가이난海南시	NPO법인 시민환경연구소	4	11
③ 교토京都부 미야즈宮津시 사토하미里波見지구	NPO법인 지구디자인스쿨	10	8
④ 오카야마岡山현 니시아와쿠라西栗倉촌	주식회사 비무시株式會社 ビムシ	4	11
⑤ 미에三重현 다이키大紀정	요시다본가吉田本家 산림부	10	5
⑥ 교토京都부 교탄고京丹後시 야사카弥栄지구	아미타주식회사 산림의 목장 アミタ株式會社 森林の牧場	10	8
⑦ 가가와香川현 사누키さぬき시	농업공방 가벳코農業工房 かべっこ	5	7
⑧ 교토京都부 교단고京丹後시 오미야大宮정	유한회사 오미야코마치공방 有限會社 おおみやこまち工房	8	6
⑨ 시가滋賀현 다카시마高島시	구쓰기엽우쇠朽木獵友會	4	4
⑩ 교토京都부 미나미야마시로南山城촌	NPO법인 신선의 숲을 지키는 모임 仙の森を守る會	6	6
⑪ 고치高知현 아가와吾川군 이노いの정	NPO법인 토사의숲 구원대 土佐の森 · 救援隊	7	5
⑫ 에히메愛媛현 카미지마上島정 이와키岩城정	이와키이키나어협岩城生名漁協	5	6
⑬ 와카야마和歌山현 아리타有田군	주식회사 선라이즈 밀감모임 株式會社 サンライズみかんの會	2	10
⑭ 교토京都부 미야즈宮津시 오다슈쿠노小田宿野지구	이오양조飯尾釀造	2	8
합계		82	101

시마네현 가와모토정
▶ 인터넷 고서점의 작업 효율성을 높이다

고령자 비율이 27.1퍼센트(2005년 국세조사● 결과)로 전국에서 가장 높은 시마네島根현. 그중에서 현의 거의 중앙에 있는 오치邑智군 가와모토川本정은 4000명 정도의 인구 가운데 약 40퍼센트가 65세 이상의 고령자로 고령화·과소화가 진전 중인 마을이다.

이 작은 정町에 인터넷 고서점 등을 경영하는 '에코 칼리지'가 있다. 처음에는 2001년에 전문서나 대학 교재의 재활용 판매를 내걸었던 학생단체로 7년간 약 100명의 학생이 참가했다. 도쿄도 분쿄文京구에서 판매를 시작했지만 2006년 10월에 거점을 가와모토로 옮겨 전문서를 중심으로 인터넷 판매사업을 전개하고 있다.

대표인 오노 히로아키尾野寬明 씨가 가와모토에 고서점을 열기로 결정한 이유는 엄청난 공간을 차지하는 도서의 보관장소 문제로 고심해 왔기 때문이다. 인터넷 판매이기에 매장은 필요 없지만 서고를 확보할 필요는 있다. 여기서 착안한 곳이 도시보다 훨씬 땅값이 싼 가와모토였다. 지금은 과소지의 상점가 재생·지역활성화에 노력하는 NPO와 손을 잡고 정에서 유일했던 서점을 헌책방으로 재생해 운영 중이다. 점포의 1층은 NPO 사무실 겸 앉아서 자유롭게 책을 읽을 수 있는 공

● 정부가 전 국민을 대상으로 시행하는 인구 통계조사. 5년마다 조사해 발표한다. 인구의 동정과 이에 관계되는 항목을 전국적으로 일제히 조사하여 국세國勢를 명백히 하는 것이 목적이다.

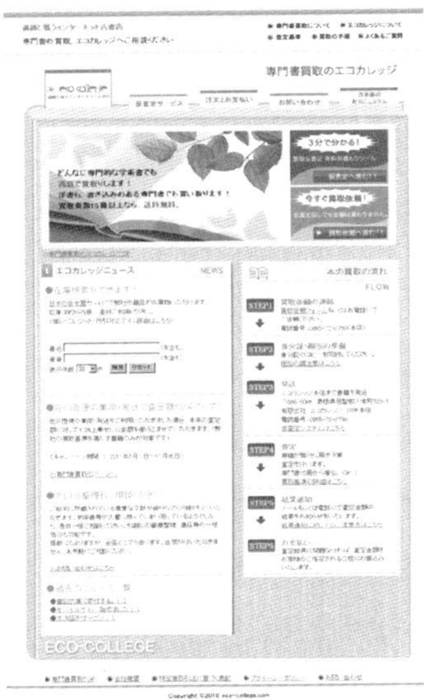

에코 칼리지 www.eco-college.com

간으로 만들어 지역주민이 편하게 사용하도록 무료로 개방하고 있다.

오노 씨가 아미타지속가능경제연구소와 연대해 '전원에서 일하는 부대' 연수생을 받아들인 이유도 매일 들어오는 방대한 도서를 정리, 분류하고, 구입자에게 보내는 발송업무에 치여 있었기 때문이었다. 사원 중에 IT기술 쪽으로 지식이 있는 사람이 없는 탓에 효율적인 작업으로 종업원의 부담을 줄일 시스템 구축이 과제였다.

이런 상황에서 연수생은 우선 시스템 개선을 제안했다. 헛수고를 없애고 실수가 잘 일어나지 않게 개선함과 동시에 누구나 사용하기 쉬운 시스템 만들기에 착수했다. 이와 동시에 에코 칼리지를 알릴 광고도 만들기 시작했다. 가와모토정의 위치나 거리의 모습, 에코 칼리지의 내부 모습, 전문서 매수 시스템 등을 일러스트를 활용해 쉽게 알아볼 수 있도록 포스터와 전단 작성에 노력했다.

이제는 인터넷상으로 서적뿐 아니라 패션제품이나 가전제품, 컴퓨터 같은 IT 관련기기에 이르기까지 거의 모든 상품을 판매하고 있다. 점포가 없어도 되는 장점을 활용하면 에코 칼리지처럼 지방에서 충분히 사업을 전개할 수 있다. 에코 칼리지가 전문서나 대학 교재를 중심으로 성공했듯이 독자적인 브랜드 이미지 확립이 중요하다는 점은 말할 나위도 없다. 동시에 주문받기부터 발송, 고객관리 등이 효율적으로 이뤄지는 시스템을 구축하고 서점을 알리는 광고전략도 필수적이다. 이번에 '전원에서 일하는 부대' 연수생은 이 부분에 노력을 기울였다.

연수처인 에코 칼리지에는 20~40대 어머니와 장애인도 일하고 있어 늘 시끌벅적하고 의사소통이 원활했던 모양이다. 연수생은 "지역주민이 모여 자연스레 일하는 장소를 만드는 게 중요하다고 생각합니다. 이 인터넷 고서점과 같이 작은 일터라고 해도 지역활성화는 충분히 이룰 수 있는 건 아닐까요"라고 말하고 있다.

돗토리현 지즈정
▶ 전통 임업지 부활을 위한 새로운 도전

시마네현과 인접한 돗토리鳥取현 역시 과소화·고령화가 진전된 마을이 많은 곳이다. 총인구는 도도부현 전체에서 가장 적다. 고령자 비율은 24.1퍼센트로 와카야마현과 나란히 전국 10위였다(2005년 국세조사 결과).

돗토리현에서 '전원에서 일하는 부대' 연수처는 동남쪽으로 오카야마岡山현과 인접한 야즈八頭군 지즈智頭정이다. 총면적의 90퍼센트 이상이 산림이어서 전통적으로 임업이 번성한 곳으로 인구는 약 8000명이다. 앞서 살펴본 시마네현 가와모토정과 마찬가지로 고령자 비율이 34.3퍼센트(2009년 12월 1일 현재)로 평균보다 높은 지역이다.

지즈정은 '삼목의 마을'로 유명하며 식림의 역사는 350년을 웃돈다. 정내에는 '게이초 삼목慶長杉'˙이라고 불리는 수령 300년 이상의 인공림이 남아 있고, 요시노吉野(나라현)·기타야마北山(교토부)와 나란히 전통적인 임업지로 알려진 곳이기도 하다. 지즈정에서 생산하는 지즈삼목은 나뭇결이 일정하고 벚나무색 심재心材에서 알 수 있듯이 목질이 뛰어나고 아름다워 건축재만이 아니라 내장재로도 호평을 받고 있다. 그러나 최근 수입목재에 눌려 수요가 줄고 가격도 좋지 않다. 또한 임업종사자의 고령화와 후계자 부족 등으로 말미암아 임업

● 게이초慶長 시대(1596~1615)에 심은 삼목.

이 쇠퇴하고 있다.

지역에서는 이곳의 기간산업인 임업재생을 위해 산림 소유자나 산림조합, 임업단체, 행정기관이 하나가 되어 노력하고 있다. 또한 풍부한 산림을 이용한 '산림테라피 기지基地' 등록에 애를 써 2009년 8월부터 산림테라피스트를 양성하기 시작했다. 특정비영리활동법인 산림테라피 소사이어티에 의해 산림테라피 기지로도 인정될 예정이다(2010년 3월 현재). 2009년 4월에는 지즈정의 풍부한 자연을 무대로 아이들을 튼튼하게 키우자는 목적으로 '숲유치원 통나무'를 개원하는 등 산림을 살린 새로운 비즈니스를 시작하고 있다.

'전원에서 일하는 부대' 연수생 S씨는 기간산업만이 아니라 지즈정의 문화적 자산인 임업의 재생·부활에 협력하기로 마음먹고 2009년 10월 이곳에 정착했다. 지즈정에서는 임업만이 아니라 삼목의 생엽염生葉染이나 남염藍染 등의 염색소재, 식물의 덩굴을 활용한 덩굴장식 등 숲의 자원을 살린 전통공예가 있고, 지역에는 그것을 계승하고 있는 사람도 있다. S씨는 삼목의 벌채나 껍질 벗기기 같은 임업실습과 더불어 전통공예도 체험하면서 지즈정의 매력을 내외로 알리는 방법을 모색하고 있다.

S씨는 지즈정에서 느낀 생활을 통해 "일상적인 생활 속에 일본 전통의 문화가 남아 있는 이 지역과 매력적인 사람들이 아주 좋습니다. 사람들이 많이 찾아오면 좋겠지만 무리하게 불러 모으지 않더라도 여기에 사는 사람이 자부심을 느끼고 있으니 외투인이 자연스레 모여드는 곳이면 좋겠다고 생각합니다. 지즈정의 매력을 저만의 방식으로

돗토리현 지즈정 chizu.itstottori.jp

알리고 싶습니다. 이것이 저의 지역활성화 전략입니다"라고 말하고 있다.

지즈정에서는 1997년에 '정의 활성화는 마을의 활성화로부터'라는 관점으로 폐쇄적이고 보수적이며 의존적인 구태의연한 마을사회를 바꾸기 위해 '일본 1/0마을 진흥운동'을 제도화했다. 누구든지 계속 살고 싶은 풍요롭고 즐거운 마을을 만들기 위해 주민 한 사람 한 사람이 무엇을 할 수 있는지, 무엇에 땀을 흘릴지를 생각해 실행하자는 운동으로 결국 '무(0)에서 유(1)로 가는 첫걸음을 내딛자'라는 프로젝트다. 지즈정 내의 마을·지구가 자랑하는 보물(자원)을 발견해 그것을 외부로 알리자는 운동은 확실히 '전원에서 일하는 부대' 연수생이 지향하는 목적과 일치한다고 말할 수 있을 것이다.

와카야마현 아리타군
▶ 밀감 유통판매시스템을 홍보한다

세 번째로 소개할 '전원에서 일하는 부대'의 연스처는 와카야마현 아리타有田군이다. 현 한가운데에 걸친 산간지역인 아리다가와정에서부터 현 북서부 해안을 따라 어업이나 해수욕 관광이 성한 히로카와広川정, 그리고 유아사湯浅 정까지 3곳을 포함한 지역을 가리킨다. 현청 소재지 와카야마시에서 남쪽으로 3킬로미터 정도 떨어진 곳으로 온난한 기후에 천혜의 조건을 갖춘 곳이어서 '아리타밀감' 산지로 전국적으로 알려졌다.

연수생은 아리타군에서 활동하고 있는 주식회사 '선라이즈 밀감모임'이라고 하는 아리타밀감의 유통·판매조직에서 일하고 있다. 선라이즈 밀감모임은 안정된 양과 가격으로 수매해즈길 바라는 생산농가의 요구에 응해 JA(농협)나 시장을 통하지 않고 독자적인 유통경로를 개척해 유통비를 줄이는 등, 생산농가 편에서 시스템을 구축해 성공을 거둔 기업이다. 고령 농가에 대해 수확작업을 대행하는 서비스나 멧돼지, 사슴, 원숭이 등에 의해 밀감밭이 훼손되지 않도록 대책도 마련하고 있다.

아리타 농업협동조합 www.ja-arida.or.jp

생산농가는 '선라이즈 밀감모임' 덕분에 시세가 좋을 때 출하가 가능하며 때로는 규격 외 상품도 한꺼번에 모아 팔 수 있게 되었다. 슈퍼 등의 소매업체로서도 봉지 단위 판매처럼 소매점의 요구에 맞춰 출하를 해주니 일손을 더는 장점이 있다. 시장을 통하지 않는다고 해도 처음부터 한꺼번에 100퍼센트를 구매했던 게 아니라 20퍼센트 정도에서부터 시작해 서서히 양을 늘려가는 단계적인 방법을 채택한 것이 성공으로 연결되었다고 할 수 있다(4단계 요점 3 '지방과 도시가 윈윈할 수 있는 틀을 짠다' 참조).

여기서 일한 연수생 H씨는 생산농가 지원을 조금 더 세밀하게 하고 소비자에게 안전하고 안심할 수 있는 밀감을 제공하고자 생산자들이 농약을 살포한 횟수나 약제의 종류 같은 생산이력을 청취하고 그 결과를 보고서로 정리했다. 더욱이 아리타밀감의 수확이나 유통이라는 중심적인 작업에서 나아가 생산농가를 방문·조사해 그들의 요구를 청취하는 한편 선라이즈 밀감모임을 홍보하기 위해 홈페이지 제작에도 착수했다. 때로는 카메라를 갖고 다니며 촬영에도 힘썼다고 한다. 홈페이지에서 생산자가 고집스레 하고 있는 일을 소개해 소비자로 하여금 아리타밀감을 더욱 친근하고 매력적으로 느낄 수 있도록 연구를 거듭했다. 또한 이벤트를 하는 점포로 나가 밀감 무료시식 서비스도 도와주고, 가게 앞의 판촉물도 직접 제작했다.

'전원에서 일하는 부대'에 참가해 무엇을 얻었느냐는 질문에 대해 H씨는 "먹을거리를 생산하는 장에서 일하고 싶어서 연수에 응모했습니다. 홈페이지 제작하는 일과 다른 일로 아리타밀감과 아리타라는 지역의 매력을 널리 알리는 작업을 하면서 먹을거리를 생산하는 일 외에도 지역에 공헌하는 수단은 있다, 흥미를 갖고 노력할 일이 있다는 것을 배운 게 가장 큰 수확이었다고 생각합니다"라고 말한다.

오카야마현 니시아와쿠라촌
▶ 100년 삼림구상으로 마을의 산림을 재생한다

'전원에서 일하는 부대' 연수생 중에는 지역에 정주해 연수에서 배운 지식과 기술, 지역주민과 밀접하게 소통한 바를 살리면서 농산어촌의 활성화에 노력하고 있는 사람도 있다. 2008년도 연수사업에서 오카야마현 니시아와쿠라西栗倉촌으로 들어간 Y씨가 그중 한 사람이다.

Y씨의 연수처인 니시아와쿠라는 인구 약 1600명의 조그만 촌이다. 오카야마현 산간에 자리 잡은 작은 촌은 한때 전국적인 조류였던 행정합병의 길을 무리하게 선택하지 않고 촌으로서 자립하는 길을 선택했다. 이곳의 기간산업은 임업이다. 지역에서 인공림이 85퍼센트를 차지하고 있다. 그런데 과소화·고령화에 따라 임업인구가 감소하고 수입목재에 밀려 목재가격이 폭락한 탓에 수령 50년까지 자란 산림 대부분이 방치된 상태였다.

이런 상황에서 니시아와쿠라촌은 미래를 내다보고 산림 가꾸기를 지향하는 '100년 삼림구상'을 수립해 산림사업에 관련된 I턴 희망자를 모집하는 등 본격적인 산림재생에 나섰다.

산림이 좋아서 예전부터 관계된 일을 해왔던 Y군은 산림과 사람에 좀 더 밀착된 일을 하고 싶다는 생각으로 사업에 참가했다. 산림 가꾸기에서부터 목재제품을 생산 가공, 유통하는 과정에 관해 배우고 이것을 목재생산의 판매전략과 어떻게 연결해야 할지를 생산자와 함께 고민했다. 특히 니시아와쿠라 목공공방 '목쿤 木薫'*에서 제작한 목제가구·놀이기구의 판매전략 수립에 힘을 쏟았다.

이러한 작업을 하면서 숲과 관련된 일의 매력에 흠뻑 빠진 Y씨는 니시아와쿠라촌으로 이주를 결심했다. 고용대책협의회에 채용되어 행정사무소에서 산림관련 일을 담당하며 니시아와쿠라촌의 산림을 더욱 아름답게 하는 일에 불철주야로 분투하고 있다.

*   '나무훈김'이란 뜻.

100년 삼림 nishiawakura-fan.jp

목쿤 www.mokkun.co.jp

Y씨는 "새로운 틀인 100년 삼림구상은 어려운 점이 많고 진척도 느리지만, 한 걸음 한 걸음 개척해나가는 일인 단큼 보람을 느낍니다. 촌에 있는 분들이 친절하고 즐겁게 생활하고 계시고 별이 가득한 밤

에 본 반딧불이의 아름다움에도 감동했습니다. 저는 니시아와쿠라가 활기를 되찾고 이곳의 산림이 앞으로 더욱 생생하게 잘 자라도록 힘을 다해 노력하겠습니다"라고 말한다.

사례 5 총무성의 '지역진흥 협력대'
▶ 오래 머물며 지역활성화에 노력한다

지금까지 소개한 사례 이의에 에히메愛媛현 우치코內子정의 농가민박 일손 돕기, 겸업농가뿐이라는 시가滋賀현 고카甲賀시 아유카와鮎河 지구의 마을농지 유지·관리 교토京都부 교탄고京丹後시의 산지낙농 등의 연수가 이뤄졌다.

'전원에서 일하는 부대' 연수에 참가한 연수생이 도시로 돌아가 새로운 활동을 전개한 사례도 있다. 와카야마현 가이난시海南市 연수에 참가한 아키타秋田현 출신 아키모토 유시秋元悠史 씨가 2009년 1월부터 참여한 'WE LOVE AKITA'라는 네트워크 조직이 하나의 예다. 여기서는 인구감소율 전국 1위인 아키타현을 응원하고자 아키타의 장래에 관해 정기적으로 논의하는 '아키타 서미트'를 열기도 하고, 농부 시장에 물건을 내다 파는 등 다양한 시도로 아키타의 매력을 알림과 동시에 아키타를 응원하는 네트워크 구축에도 힘을 쏟는다.

한편 총무성이 주관하는 '지역진흥 협력대'는 도시의 인재를 적극적으로 유치해 정주·정착을 꾀하고 지역에 있는 힘을 유지·강화하는

WE LOVE AKITA we-love-akita.com

제도로 지자체가 대원을 채용한다. 협력대원이 되면 채용된 지역에서 대개 1~3년 정도 생활하고 농림어업이나 수원(水源) 보전감시활동, 환경보전활동, 주민생활지원(고령자 돌보기, 통원·쇼핑 이동지원), 지역진흥지원(행사나 전통예능 응원, 관광 진흥, 도시와 교류) 같은 지역협력활동에 종사한다.

'전원에서 일하는 부대'가 짧게는 몇 주, 길게는 반년 정도의 체재 기간에 지방에서 살거나 일하는 계기를 마련해주는 방식인 데 비해 지역진흥 협력대는 1~3년 정도 장기간 이주하여 지역에 뿌리내리고 다양한 형태로 지역활성화와 관계를 맺어가는 방식이다.

지역진흥 협력대 대원이 채용된 지역 중 한 곳이 시마네島根현 서부에 있는 요시카吉賀정이다. "청류淸流 '다카쓰강高津川 원류의 마을"로 알려져 농림수산성이 유기능업의 모델타운으로 지정한 곳으로 자연과 공생하는 전원생활을 만끽할 수 있는 아름다운 곳이다. 그런데 최근 일본 대부분 마을에서 나타나는 인구감소와 고령화 문제가 심각해지고 있어 이 지역의 발전을 책임질 사람을 절실히 요구하고 있었다.

협력대원에게 주어진 과제는 유기농산물의 판로를 확대함과 동시에 유기농업을 지역에 더욱 확대하는 일이었다. 채용된 대원은 1년 반 동안 '지역의 영업사원이 되는 것'을 목표로 매력적인 지역특산품을 찾고자 노력했다. 도시로 판로를 확대하고자 시도하는 등 지역을 활성화하는 데 매진했다.

2009년 11월에는 아키타현 가미코아니上小阿仁촌으로 파견할 지역진흥 협력대원 채용이 결정되어 2010년도부터 최장 2년간 중심부에서 약 20킬로미터 떨어진 산중, 주민의 75퍼센트가 65세 이상인 한계마을 '야기사와八木澤지구'에서 폐교를 리모델링한 공민관에 살게 되었다. 농사일 외에 눈 치우기, 더르신 통원 보조 등의 일을 맡는 한편 촌의 간부들과 모임을 하면서 지역활성화를 위한 아이디어를 제공하고 있다.

커뮤니티 비즈니스를 생각하는 사람에게 '전원에서 일하는 부대'는 지역의 실정을 파악해 지역과 연대를 형성하는 계기를 만드는 시스템이다. 지역진흥 협력대는 거기서 한 걸음 더 나아가 커뮤니티 비즈니스를 시작할 토대를 형성하는 시스템이라고 말할 수 있겠다.

가까운 미래에 태어날 차세대 코디네이터

지방에서 사업을 일으키고 싶지만 노하우나 인적 네트워크가 없는 이들을 위해 지방과 도시를 연결해주는 코디네이터라는 존재를 앞서 소개한 바 있다. 이러한 코디네이터를 이용하여 개인이나 뜻있는 그룹이 커뮤니티 비즈니스를 더욱 자연스럽게 시작할 수 있을 것이다.

한편 지방에서 비즈니스를 시작하는 길 외에 스스로 지역코디네이터, 농촌코디네이터가 되어 활약하는 방법도 있다. 코디네이터라면 꼭 지방으로 이주하지 않더라도 지역의 활성화에 충분히 공헌할 수 있다. 최근에 생긴 코디네이터 조직이나 단체가 일선에서 활약하고 있으며 코디네이터 양성하는 일도 지향하고 있다.

전원생활 붐에 힘입어 코디네이터의 존재와 의미가 서서히 알려지고 있다. 가까운 장래에 커뮤니티 비즈니스를 시작하려는 사람과 지역, 그리고 지역과 도심을 연결하는 코디네이터가 많이 생겨날 것이다.

'일본 마을 힘 향상 프로젝트'의 탄생

2009년 11월 아미타지속가능경제연구소를 포함한 9개의 코디네이터 조직과 단체가 결집해 '일본 마을 힘 향상 프로젝트'를 시작했다. 이 프로젝트는 '도시와 농산어촌을 연결하는 코디네이터' '농산어촌의 자원을 연결하는 코디네이터'를 지속적으로 육성함과 동시에 '농산어촌의 새로운 생활방식' '농산어촌과 새롭게 관계 맺는 방식'을 알림으로써 일본의 '마을'을 활기차게 하려는 목적으로 조직되었다. 코디네이터가 마을(농어산촌)에서 힘 있게 활동할 수 있도록 지원하는 일도 병행한다.

실행위원회 구성원은 아미타지속가능경제연구소를 포함해 9개 단체다.

● NPO법인 에가오 쓰나이데report.npo-egao.net

농업을 비롯하여 지역 공생형의 시민네크워크 사회를 만들고자 2001년에 설립된 NPO법인이다. 야마나시山梨현 호쿠토北杜시를 거점으로 마을 만들기, 환경보전, 도시와 농산어촌의 교류사업을 추진하고 있다. 다양한 체험 프로그램으로 코디네이터가 농산어촌에서 활약할 플랫폼이 되는 '간토關東 투어리즘 대학'을 전개하고 있다.

● 규슈 마을 여행 응원단www.muratabi.jp

규슈九州의 그린 투어리즘 실천자들의 네트워크 조직이다. 거리와 마을을 연결하는 정보지《규슈 마을로 가자》를 중심으로 '마을의 생명을 거리의 생활로, 거리의 활력을 마을의 생업으로'라는 이념을 표방하고 여기에 찬성하는 사람들로 구성되어 있다. 도시의 사람들을 받아들여 마을의 생업을 일으키는 규슈의 그린 투어리즘 활동을 적극적으로 응원하고 있다.

● (재)일본그라운드워크협회www.groundwork.or.jp

'그라운드워크농악교農樂校'처럼 젊은이를 대상으로 농산어촌체험 사업을 시행하고 있다. 지역주민·기업·행정의 파트너십을 쌓아 환경을 개선하는 활동을 통해 지속가능한 지역사회 구축을 지향한다.

● (재)농촌개발기획위원회hwww.rdpc.or.jコ

농산어촌의 진흥과 활력 향상을 위해 농산어촌에 있는 지역자원의 활용방안과 도시의 시각에서 농촌의 욕구를 파악할 뿐 아니라 농산어촌의 시각에서 도시주민과 다양한 사람들의 참여하에 새로운 가치를 상승적相乘的으로 창조하는 '가교역할'을 맡아 다채로운 지역의 매력을 일본 전국에 알리고 있다.

● (주)프로젝트 지역활성www.prokatu.jp

미야기宮城현 센다이仙台시를 거점으로 도호쿠東北 지역은 물론 일본을 활기차게 하고자 다양한 농·상·공을 연계하여 6차 산업화를 위한 프로젝트를 제안하고 있다. '인재와 조직과 지역의 활성화'를 실현하기 위해 '인재'를 중심으로 지역활성화와 자립화를 지원하고 있다.

● 홀어스 자연학교 wens.gr.jp

후지산富士山 본교와 국내 6개소 거점을 바탕으로 4반 세기에 걸쳐 체험형 환경교육을 전개해온 자연학교의 개척자적 조직이다. 지역자원을 보존하고 이용하는 관광 시스템을 만들기 위해 각지에서 지원하고 있다. 현지에 회사가 있으면 지역사회에 뿌리내린 비즈니스를 제안할 수 있다는 취지에서 착지형着地型 여행회사(제3종)를 설립했다. 지역공동체 네트워크 만들기와 '즐겁게 배우는' 프로그램 만들기를 진행하고 있다. 스스로 밭을 일구고 사육한 가축동물의 퇴비를 이용해 순환형 농업도 추진하고 있다.

● 홋카이도 고향 만들기 센터 furusato-hokkaido.org

홋카이도의 지역 만들기 단체와 기업이 각자의 전문성을 살리고 힘을 모아 법인화를 목표로 진행 중인 새로운 중간지원조직. 농산어촌 코디네이터의 자립과 창업을 목표로, 지역과 더불어 코디네이터 육성에 몰두함으로써 지역활성화에 공헌하려 한다.

● (주)마인드셰어(식재食財 니폰 프로젝트) www.mindshare.co.jp

커뮤니케이션 마케팅 회사로서 기업의 마케팅활동 지원은 물론 일본 농산어촌의 활성화를 '고객 만들기' 차원에서 지원하는 활동을 실천하고 있다. '일본의 식탁을 풍요롭게, 웃는 얼굴로!'를 캐치프레이즈로 삼아 거리와 마을을 '식재食財', 즉 지역에서 소중하게 키운 먹을거리라는 귀중한 자산으로 한데 묶어 '식재 니폰 프로젝트'를 시작해

음식점과 생산자를 연결하는 활동을 전개하고 있다.

5단계에서는 지방에서 비즈니스를 시작하려 하거나 지역에 공헌하고 싶어 하는 사람과 지역을 연결하는 '코디네이터'라는 존재에 관해 해설함과 동시에 지역으로 들어가는 계기를 제공하는 '전원에서 일하는 부대'와 '지역진흥 협력대'의 사례를 소개했다. 2009년에 9개의 코디네이터 조직이 모여 코디네이터를 육성하고 농산어촌 활성화를 지향하는 프로젝트 '일본의 마을 힘 향상 프로젝트'가 움직이기 시작했다. 앞으로 커뮤니티 비즈니스가 활발해짐에 따라 크디네이터라는 직업에 대한 인식도 더욱 높아질 것이다.

여러분도 커뮤니티 비즈니스를 시작하세요

이 책을 다 읽고 난 뒤 지방에서 뭔가 시작하고 싶다는 기분을 느꼈는가? 혹시 조금이라도 자신의 아이디어를 실현해보고 싶다거나 지방에 가보고 싶다는 생각이 들었다면 커뮤니티 비즈니스 창업을 향한 첫걸음을 디디기 시작했다고 말해도 좋을 것이다.

지방에는 아직도 많은 자원이 잠자고 있다. 뭔가 시작해보고자 하는 사람은 지방에 있는 '무형의 자산'을 발견하고 발굴해냈으면 한다. 탄소, 산소, 질소, 수소라는 4가지 원소로 수억 가지의 물질을 만들어내는 유기물처럼 아이디어 자체도 하나의 자원이기에 지역자원을 잘만 활용한다면 수많은 매력적인 상품이나 서비스를 창출하여 고용을 일으키고 이익을 낼 가능성이 감춰져 있다.

물론 지역에 들어가 거기서 일하고 비즈니스를 일으키는 게 그렇게 쉬운 일은 아니다. 부상이나 질병, 불의의 사고나 날씨의 변화 때문에 마음먹은 대로의 비즈니스를 할 수 없게 되는 때도 있다. 비즈니스를 실현하기 위해 지역의 협력은 불가결하다. 이 책에서 지역과 신뢰관계를 구축하는 일이 얼마나 중요한지 거듭해 강조한 것도 그러한 이유에서다.

'스마트 그리드'가 무엇인지 알고 있는가? IT기술을 도입함으로써 사람 손을 거치지 않고 전력을 안정되게 공급하는 전력망으로 에너지 절약에 도움이 되기 때문에 구미에서는 보급을 위한 움직임이 활발하다. 이런 스마트 그리드 시스템을 지방에도 적용할 수 있다. 그물 모양으로 연결된 전력망처럼 지역끼리 연결되어 연대하는 시스템을 구축한다면 지방과 도시라는 간극이 사라질지도 모르겠다. 가령 비슷한 노력을 하고 있는 지역끼리 정보를 공유하고 조언을 구한다면 꼭 필요한 장소에 사람과 자원이 공급되어 일극집중—極集中이나 격차가 없고 과부족도 없는 이상적인 지역사회가 되리라고 본다.

지역을 중요하게 생각하는 정책을 내놓고 있는 민주당 정권의 시대에 중앙관청이나 지방자치단체도 지방에서 길하고 싶어 하고 비즈니스를 시작하고자 하는 사람을 위해 본격적인 지원을 준비하고 있다. 지방에서 비즈니스를 일으키려는 사람이 움직일 활동영역이 더욱 넓어진 셈이다.

아미타지속가능경제연구소는 커뮤니티 비즈니스를 시작하고 싶지만 지방과 네트워크가 없고 거점이 되는 주거가 없거나 자금을 조달할 방법이 없는 이들을 지원하고 있다. 또한 새로운 인력을 받아들이려는 지방과 도시에 거주하는 사람을 서로 연결해주는 코디네이터 조직으로서 조금이라도 비즈니스 실현에 도움의 손길을 전하고 지역활성화를 꾀하고자 노력하고 있다.

이 책은 커뮤니티 비즈니스를 창출하는 방법과 사업을 실현하기 위한 실마리를 제공한다. 그러나 커뮤니티 비즈니스에서 '이걸 하면 반드시 성공한다'고 하는 법칙은 없다. 지역에 있는 사람의 수만큼 비즈니스의 형태는 각기 다르다. 여기서 소개한 사례나 아이디어도 수많은 사례 가운데 일부에 불과하다. 이 책의 독자가 단순한 발상이나 아이디어 차원에서 그치지 말고 구체적인 행동을 펼쳐 주길 간절히 바란다.

2010년 3월

아미타지속가능경제연구소

대표이사 가라카마 신이치

아미타지속가능경제연구소 www.aise.jp

AMITA Institute for Sustainable Economics Co., Ltd.: AISE

지속가능한 사회 만들기 실현을 지향하는 환경솔루션 기업인 아미타 홀딩스의 컨설팅부문으로 2009년 2월에 설립되었다. 종래의 '싱크탱크Think Tank'가 아닌 '두탱크Do Tank' 전문 실무자 집단으로 지역인재 코디네이트사업 외에 지역이 갖춘 자연자본을 활용하는 자연산업을 지속가능하게 하는 조사연구, 지역재생·자연재생사업 프로듀싱 및 컨설팅, 기업의 환경리스크 저감이나 환경부문과 관련된 구체적인 CSR활동 지원, 식품·의료분야와 관련된 리스크 커뮤니케이션에 이르기까지 산업 분야를 불문하고 다양한 솔루션을 제공한다.

도쿄 사무실 TEL: 03-5215-8266
교토 사무실 TEL: 075-255-4526

AISE LINK

지역과 인재를 연결하는 소셜 네트워크 서비스

지역에 관심이 있는 사람들이 경험과 정보를 공유하기 위해 개설한 소셜 네트워크 서비스. '전원에서 일하는 부대' 연수생의 현지 활동 보고를 위한 공간으로 다련되었지만 현재는 애초 사업의 틀을 넘어 지역에 흥미를 느끼는 유저User가 신선한 정보를 공유하는 장으로 발전했다. 앞으로는 도시와 농산어촌을 연결하는 플랫폼으로 활용할 예정이다. 지역에 흥미가 있는 사람, 지역에서 비즈니스를 시작하려는 사람, 지역으로 들어가 생활하고 있는 사람이라면 접속하기 바란다.

- http://www.aiselink.com
- 참여방법: 아래의 URL에 접속해 정보를 입력하고 등록하면 초대메일이 발송된다.
  http://www.aise.jp/contact/aiselink

옮긴이 **김해창**

17년간 주로 환경 전문기자로 일해오다 2007년부터 (재)희망제작소에서 부소장을 맡고 있다. 1997년부터 1998년까지 일본 도쿄에 있는 시민환경단체 AMR 회원으로서 환경 NGO 등을 취재했고, 아시아 리더십 펠로 프로그램(ALFP 2008) 한국 대상자르선정되어 2008년 9월부터 약 3개월간 일본 도쿄에서 저탄소사회 만들기 사례를 취재했다.

2003년에 제5회 교보생명 환경문화상(환경언론부문)을 수상했으며, 2010년에는 부산대 대학원에서 경제학 박사(환경경제학) 학위를 취득했다. 지금은 경성대학교 환경공학과 교수로 재직하며 후학 양성에 힘을 쏟는 한편, 우리 사회의 새로운 희망과 변화를 모색하는 소셜 디자이너Social Designer이자 환경경제학자의 길을 걷고 있다.

지은 책으로《일본, 저탄소사회로 달린다》《일본을 움직이는 힘 일본신문》《환경수도 프라이부르크에서 배운다》《어메니티 눈으로 본 일본》등이 있고, 옮긴 책으로는《굿머니》《이산화탄소, 탈것으로 알아 보아요》《사계절 생태도감》《어메니티: 환경을 넘어서는 실천사상》등이 있다.